Sueña en grande, comienza por lo pequeño

Sueña en grande, comienza por lo pequeño

Vive cada día de manera extraordinaria

jeff manion

EDITORIAL
PORTAVOZ

La misión de *Editorial Portavoz* consiste en proporcionar productos de calidad —con integridad y excelencia—, desde una perspectiva bíblica y confiable, que animen a las personas a conocer y servir a Jesucristo.

Título del original: *Dream Big, Think Small,* © 2017 por Jeff Manion y publicado por The Zondervan Corporation L.L.C, una división de HarperCollins Christian Publishing, Inc. Traducido con permiso.

Edición en castellano: *Piensa en grande, comienza por lo pequeño* © 2018 por Editorial Portavoz, filial de Kregel Inc., Grand Rapids, Michigan 49505. Todos los derechos reservados.

Traducción: Ricardo Acosta

Las cursivas añadidas en los versículos bíblicos son énfasis del autor.

EDITORIAL PORTAVOZ
2450 Oak Industrial Drive NE
Grand Rapids, Michigan 49505 USA
Visítenos en: www.portavoz.com

ISBN 978-0-8254-5774-6 (rústica)
ISBN 978-0-8254-6673-1 (Kindle)
ISBN 978-0-8254-7487-3 (epub)

1 2 3 4 5 edición / año 27 26 25 24 23 22 21 20 19 18

Impreso en los Estados Unidos de América
Printed in the United States of America

CONTENIDO

Introducción: El mito del éxito repentino 9
Cómo leer este libro 13

SEMANA UNO: UN CASO DE AVANCE CONSTANTE

Día 1: Una nueva clase de héroe 17
Día 2: El poder de la hormiga 22
Día 3: El señor Rogers 29
Día 4: Lección móvil de historia 35
Día 5: La marcha de treinta y dos kilómetros 41

SEMANA DOS: RECARGA DE UN TANQUE VACÍO

Día 6: Renunciar antes de cruzar la meta 49
Día 7: Puestos de auxilio 53
Día 8: El arte de descansar 58
Día 9: Un ritmo vigorizador 63
Día 10: Recuperación 71

SEMANA TRES: UN CORAZÓN SANO

Día 11: Momentos destacados 81
Día 12: Diálogo con tu alma 86
Día 13: El poder de un corazón agradecido 91
Día 14: Recuerda quién eres 95
Día 15: No puedes hacerlo todo 99

SEMANA CUATRO: RELACIONES VIVIFICANTES

Día 16: El regalo de amistades perdurables. 109
Día 17: El círculo 114
Día 18: El recorrido de Samuel. 121
Día 19: Cena. Baño. Cama. 126
Día 20: Cómo curamos 133

SEMANA CINCO: FRACTURAS POR ESTRÉS

Día 21: La meta 141
Día 22: Los cimientos 146
Día 23: La caída 151
Día 24: Evita caer 157
Día 25: ¿Por quién estás luchando? 162

SEMANA SEIS: REVISIÓN DEL ÉXITO

Día 26: El factor Tabita. 171
Día 27: Cuando nadie observa 178
Día 28: El gran acontecimiento. 183
Día 29: El muro y la maleza 190
Día 30: La bondad crece lentamente. 196

Conclusión: Ajusta tu enfoque y comienza 203
Reconocimientos 207

INTRODUCCIÓN

EL MITO DEL ÉXITO REPENTINO

MI CURRÍCULUM ES BASTANTE CORTO PORQUE, EN realidad, solo he tenido un trabajo. Mi esposa Chris y yo nos casamos cuando ambos teníamos veintiún años, y comenzamos a servir en la Iglesia Bíblica Ada en Grand Rapids, Michigan, a los pocos meses de casados. Ahora que somos cincuentones, seguimos sirviendo en el mismo ministerio y en la misma comunidad.

Si el éxito repentino existe de veras, y estoy bastante convencido de que no existe, nunca lo hemos experimentado. En nuestros más de treinta años en el ministerio hemos presenciado un montón de logros inesperados a medida que la Iglesia Bíblica Ada ha crecido de un par de decenas de personas reunidas en una casa, a una próspera congregación que sirve a miles de vidas. Pero sin excepción, estos logros "repentinos" estuvieron asociados a años de perseverancia fiel.

Hace tiempo, Chris y yo visitamos Wright Brothers National Memorial en Kill Devil Hills, justo en las afueras de Kitty Hawk, Carolina del Norte. Allí, el 17 de diciembre de 1903 los dos hermanos hicieron historia cuando Orville Wright hizo volar cuarenta metros su avión, permaneciendo en el aire durante doce segundos. Más tarde ese día, Wilbur pilotó la nave 284 metros. Los hermanos Wright son famosos por ser los primeros seres humanos en lograr un vuelo controlado.

Éxito repentino.

Sin embargo, explora el libro *Los hermanos Wright* de David McCullough, y te darás cuenta del proceso agonizantemente lento de lograr que ese avión despegara del suelo: años de diseñar, cambiar, experimentar, fracasar, ajustar y volver a intentar. El trabajo de los hermanos era tan tedioso que los residentes de Dayton, Ohio (donde se produjeron muchos de los vuelos experimentales), estaban en gran manera ciegos al hecho de que se hacía historia justo en las afueras de la población. Si hubieras viajado al campo para observar el fenómeno, tal vez no habrías presenciado más que dos hombres jugueteando semana tras semana con varias partes de avión. No había mucho que ver. Eran raros los momentos atemorizantes en el aire.

Escucha la evaluación del propio sobrino de Orville y Wilbur, quien años después reflexionó: "En ese momento se hacía historia en la tienda y en la casa de mis tíos, pero todo era tan común y corriente que no lo comprendí hasta muchos años después".[1]

Ahí está. El invento que, tal vez más que cualquier otro, ha conformado los últimos cien años de la historia humana. ¿Y cuál es la expresión que describe ese logro? *Común y corriente.* Es naturaleza humana celebrar el logro asombroso en lugar de aplaudir el trabajo repetitivo y tedioso que lleva al logro.

Mientras reflexiono en nuestro propio viaje, recuerdo vívidamente la serie de retos que marcaron nuestros primeros siete años de ministerio cuando un puñado de personas luchábamos para hacer despegar la iglesia. Entonces, "de repente" arrancamos (más al respecto en el Día 4). Las lecciones de esos primeros años se han afirmado una vez tras otra. La fidelidad persistente por un tiempo prolongado no tiene sustituto. Cuando un progreso dolorosamente lento (o una sensación de no progresar) nos desalienta, sentimos la tentación de desanimarnos y

1. David McCullough, *The Wright Brothers*, reimpresión (Nueva York: Simon and Schuster, 2015), p. 113. Publicado en español por La Esfera con el título *Los hermanos Wright*.

renunciar. Estoy muy agradecido de que no hayamos tirado la toalla durante nuestros nada espectaculares años de arduo trabajo.

Una vez escuché al pastor Craig Groeschel dirigiéndose así a una generación de líderes jóvenes: "Posiblemente ustedes valorarán en exceso lo que puedan hacer a corto plazo, pero subestimarán lo que puedan lograr durante una vida de constancia".

Muy cierto.

La mayoría de nosotros no estamos tratando de dilucidar los misterios de volar. Dirigimos familias, empresas, iglesias y escuelas. Servimos como enfermeros, entrenadores, vendedores, padres y pastores de jóvenes. Es común cansarnos, aburrirnos y hasta desilusionarnos mientras servimos a quienes nos rodean. Pero cuando finalmente los grandes sueños se cumplen, se consigue mediante la dedicación constante de realizar tareas insignificantes una y otra vez, día tras día, año tras año. El éxito en las grandes cosas requiere compromiso profundo y permanente con lo pequeño.

Medito en el matrimonio compasivo cimentado en el hábito rutinario de disculparse rápidamente cuando se ha infligido una herida menor. O en el hotel excepcional donde toda interacción con un empleado termina con: "¿Puedo servirle de alguna otra manera?". Me maravillo cuando una familia de clase media baja levanta una sólida vida económica ahorrando un poco de dinero en cada salario… durante años. Y me lleno de gratitud cuando descubro que esa misma familia vive con generosidad radical, donando dinero de cada sueldo.

En realidad son pequeñeces decir "lo siento", ofrecerse a servir, ser disciplinado en ahorrar y dar. Pero con el tiempo, estas insignificancias se acumulan para producir grandes matrimonios, grandes empresas y vidas grandiosas.

He escrito estas palabras para animarte a ser diligente en las cosas pequeñas. Te invito a recorrer conmigo un viaje de seis semanas en el que retaremos el mito del éxito repentino y celebraremos la vida de fidelidad constante.

Tu trabajo es importante. Tu vida importa. Te animo a edificar una vida extraordinaria un día tras otro. Oro para que nuestro misericordioso Señor te libre de la búsqueda de una solución rápida, y para que pruebes el gozo y la libertad que vienen de una vida de constante fidelidad.

Los grandes sueños deben arraigarse en pequeños hábitos de vida.

Es por eso que te reto a soñar en grande, pero comenzar por lo pequeño.

CÓMO LEER ESTE LIBRO

SUEÑA EN GRANDE, COMIENZA POR LO PEQUEÑO SIGUE UN plan de lectura de seis semanas. Aunque puedes leerlo de principio a fin, te invito a masticar solo un capítulo diario, cinco días por semana, durante seis semanas. De este modo, el formato del libro refleja su mensaje, el cual puedes desmenuzar día tras día, tanto con esta obra como con tu vida.

Espero que este libro no solo te sirva personalmente, sino que también te proporcione un gran recurso para esas situaciones tipo "¿Me discipulas?". Es decir, las relaciones que resultan en reuniones semanales en un restaurante, donde inviertes en el crecimiento y el desarrollo de alguien más. Esta herramienta puede servirte a medida que desarrollas fidelidad en otros y así ambos crecen juntos.

SEMANA UNO:

UN CASO DE AVANCE CONSTANTE

NOTICIA DE ÚLTIMA HORA: Gana la tortuga

La historia de la tortuga y la liebre se remonta a la antigua Grecia, y aparece en la colección de fábulas de Esopo. Se fija el recorrido, empieza la carrera y sale la liebre, solo para detenerse a dormir una siesta. La tortuga avanza silenciosamente, pasando a la liebre dormida y cruzando primero la línea de meta.

¿Cuál es la moraleja de esta historia escrita hace miles de años?

Despacio y con constancia se gana la carrera.

La lección en esta historia milenaria no se encuentra en ir "despacio" sino en la "constancia". Cualquiera puede andar por un tiempo a paso de tortuga o caracol, pero el progreso firme en una dirección positiva y santa requiere tenacidad. Se necesita resistencia durante meses y años de parte de quienes están comprometidos en ir en una dirección fiel e inspiradora.

Por tanto, en la Semana Uno exploraremos el poder del progreso constante. En los próximos cinco días celebraremos juntos la virtud de la acción lenta y constante.

DÍA 1:

UNA NUEVA CLASE DE HÉROE

MOMENTOS HEROICOS

La normalidad en el tren de pasajeros de alta velocidad de Ámsterdam a París se vio interrumpida por la explosión de disparos y el sonido de cristales rotos. El terrorista estaba armado con un rifle de asalto, una pistola automática y suficiente munición para causar incalculables pérdidas de vidas en el atestado tren. Pero cuando el sujeto hizo una pausa para ajustar el rifle, tres estadounidenses que estaban de vacaciones corrieron hacia el hombre. Spencer Stone, Alek Skarlatos y Anthony Sadler atacaron al terrorista, lo golpearon hasta dejarlo inconsciente y lo maniataron. Esa rápida y valiente reacción evitó una masacre.

La noticia de la acción heroica fue transmitida en todo el mundo. Días después del suceso, el presidente de Francia, François Hollande, honró a los estadounidenses con la prestigiosa Legión de Honor de su país por salvar innumerables vidas. Al volver a los Estados Unidos, el trío fue invitado a la Oficina Oval donde el presidente Obama les agradeció personalmente, exaltando el valor y el trabajo en equipo que realizaron.

Los elogios no se limitaron al reconocimiento de los jefes de estado. Los Lakers de Los Ángeles honraron a estos tres héroes durante un partido, presentándolos con camisetas del equipo mientras los entusiasmados hinchas los ovacionaban.

La atención fue bien merecida. Estos hombres habían arriesgado sus vidas para salvar a otros.

LA VIRTUD SILENCIOSA

Sin embargo, tales casos de heroísmo extremo son raros en nuestro mundo, porque las oportunidades de arriesgar nuestras vidas son limitadas. Una persona que deseara emular esta forma exacta de valor tendría que pasar toda la vida montada en trenes, con la esperanza de detectar un posible terrorista; luego, si divisara uno, debería enfrentarlo y atarlo. Las condiciones favorables para este tipo de grandeza simplemente no se presentan todos los días, y quizás nunca en la vida. Los heroicos salvavidas dependen de situaciones amenazadoras, las que no programamos en nuestra semana.

Esta realidad es lo que el sacerdote francés del siglo XVII François Fénelon estaba insinuando cuando observó: "Las grandes acciones de virtud son raras porque casi nunca se solicitan".[2]

La intervención heroica ("grandes acciones de virtud" en la fraseología de Fénelon) rara vez se requiere de nosotros. Pero cuando estas oportunidades excepcionales se presentan, tienden a conllevar las recompensas inmediatas que surgen de la emoción y el reconocimiento.

En contraste con estos raros momentos heroicos, Fénelon elogia el recital de actos pequeños de obediencia practicados una y otra vez:

> Hacer continuamente pequeñas cosas que son correctas, sin que sean observadas, es mucho más importante… La fidelidad

---

2. François Fénelon, *The Seeking Heart* (Auburn, ME: Christian Books, 1992), p. 133.

> en aspectos pequeños demuestra mejor tu verdadero amor por Dios. Importa más el paso lento y perseverante que un arranque pasajero de entusiasmo.[3]

Este "paso lento y perseverante" de fidelidad en lo pequeño es probable que no aparezca en titulares de periódicos, ni que resulte en la presentación de una camiseta de la NBA o en un reconocimiento en la Casa Blanca. La fidelidad es una virtud silenciosa. No hace mucho ruido. Aplaudimos la resistencia demostrada en la línea de meta, pero aquellos kilómetros intermedios de perseverancia no son dignos de mencionar. El compromiso no es llamativo, y a menudo la dedicación continuada pasa desapercibida.

¡Pero la fidelidad cuenta! Cuenta en matrimonios, familias y ministerios. El compromiso importa. Importa en escuelas, empresas y comunidades. El "paso lento y perseverante" importa porque la auténtica influencia perdurable requiere acción firme y constante en una dirección singular durante un período de tiempo considerable.

HONREMOS LA FIDELIDAD

Un sinnúmero de personas fieles alrededor de nosotros llevan vidas silenciosas de grandeza con poco bombo o poca atención. Aunque su trayectoria de fidelidad no es llamativa, es digna de ser vivida y de celebrarse.

Fidelidad es lo que se ve en el padre dedicado que revive una y otra vez el ritual de la hora de dormir leyéndoles a sus hijos, a veces el mismo libro durante semanas y semanas. De manera firme y constante él está presente para sus pequeños, dándoles una sensación de seguridad cuando el día llega a su fin... y tal vez infundiéndoles en el proceso un amor por la lectura. Este tipo de amor al parecer redundante deja una huella perdurable.

---

3. *Ibíd.*, p. 182.

La fidelidad se ve en la pareja casada que lidera al grupo de jóvenes en una congregación creciente. Ellos saben que podrían necesitar cinco años de ministerio constante antes de que un sólido programa de enseñanza superior eche raíces por completo. Por eso persisten a largo plazo, amando y guiando mes tras mes, libres del engaño de que un fundamento perdurable puede edificarse en solo unos pocos meses.

La fidelidad también es evidente en el ritual diario de una creyente comprometida, temprano en la mañana antes del trabajo, de utilizar un diario y una Biblia con una taza de té reposando al final de la mesa junto a su silla en la azotea. Estos momentos tranquilos de introspección dan forma al corazón y la vida de esta mujer. Ella lee un capítulo de la Biblia, hace anotaciones en su diario e invita a Dios a entrar en su día. La creyente ha llegado a entender que una fuerte vida pública se construye sobre la base de una fuerte vida privada; así que día tras día, año tras año, escucha a Dios en el silencio de la madrugada. La santidad se va conformando en ese tiempo. Estos momentos de calma importan. No son espectaculares cuando se observan día a día, pero con el tiempo dirigen y dan forma a nuestras vidas.

Concuerdo con François Fénelon en que la fidelidad en lo pequeño es lo que mejor expresa nuestro amor por Dios. Este es un tipo diferente de grandeza. Es un viaje que no se caracteriza por hazañas espectaculares de heroísmo, sino por un tenaz compromiso de bondad repetida.

El apóstol Pablo escribió a la congregación que fundó en el sur de Grecia: "Ahora bien, se requiere de los administradores, que cada uno sea hallado fiel" (1 Co. 4:2).

No brillante, dotado o popular. *Fiel.*

La grandeza es accesible. Para tener una vida grandiosa no tienes que ser un atleta destacado, un erudito o un magnate empresarial. El trayecto está disponible para todo el mundo.

Te invito a soñar en grande, pero comenzar por lo pequeño, y seguir una vida extraordinaria dando mil pasos insignificantes. Esto no significa que el camino siempre será fácil. El paso lento y constante requiere perseverancia, claridad y una enorme cantidad de gracia. El recorrido requiere un nuevo tipo de héroe, pero vale la pena realizarlo.

MEDITACIÓN

Al completar el Día 1, piensa en tres personas en tu vida que sean ejemplos de fidelidad firme y constante. Escribe a continuación sus nombres y lo que has aprendido de cada una de ellas. ¿Cómo puedes aplicar lo que te han enseñado a tu propio viaje hacia soñar en grande, pero comenzar por lo pequeño?

* ______________________________

* ______________________________

* ______________________________

DÍA 2:

EL PODER DE LA HORMIGA

HABLEMOS DE QUÉ HACER CUANDO TU HIJO DE SEXTO grado te pide una batería, de por qué un seminario de matrimonios no arreglará tu matrimonio y de por qué leer la Biblia mañana tal vez no cambiará tu vida. ¿Parece mucho por masticar? Lo veremos todo... tarde o temprano.

Pero antes que nada, visitemos a las hormigas.

Imagina a un padre sabio llevando a su hijo de ocho años a donde hay un hormiguero; se lo señala y expresa: "Observa esto conmigo". Ambos se arrodillan y observan a los insectos entrando y saliendo de la tierra; van y vienen, cargando diminutas semillas.

El papá está ansioso por causar una impresión duradera en su hijo. En la cultura agraria del Israel del Antiguo Testamento, las cosechas debían plantarse y recogerse a tiempo para evitar un desastre financiero. Se trata de un mundo implacable donde muchas familias están a solo una sequía de la pobreza. El padre sabe lo que el hijo no sabe: que la sobrevivencia de la familia depende de una disciplina similar a la de la hormiga. Esta charla en el hormiguero es una conversación de vida y muerte.

Mientras el niño observa el desfile de hormigas en el hormiguero, su papá susurra: "¿Ves eso? Ellas son diminutas, y sin embargo saben cómo prepararse para el invierno. En verano recogen semillas a fin de tener suficiente para comer cuando el clima se enfríe". El hombre hace una pausa y añade solemnemente: "Debemos ser como las hormigas".

Con el fin de fijar esta lección a la mente del jovencito, el padre adhiere un conocido proverbio a la experiencia:

> "Las hormigas no son fuertes
> pero almacenan su alimento todo el verano"
> (Pr. 30:25, NTV).

EL PODER DE LA HORMIGA

Lo asombroso del hormiguero está en el contraste entre el tamaño de la hormiga y su eficiencia. Ellas "no son fuertes", pero realizan el trabajo con progreso constante. El rey Salomón incluyó este proverbio sobre el poder de la hormiga para ilustrar el efecto acumulado de la acción constante y repetida en la dirección correcta. Se trata del poder de la constancia.

Esta no es la única vez que estos insectos laboriosos aparecen en Proverbios. En un capítulo anterior de la colección, Salomón se dirige al "perezoso", el carácter letárgico que parece incapaz de resistir la fuerza gravitacional del sofá. Inmovilizado por el rayo tractor de la flojera, el perezoso no puede activarse solo. La vida se escabulle a medida que las responsabilidades se descuidan y las oportunidades se pierden.

¿El consejo de Salomón a este sujeto? ¡Que visite un hormiguero!

> "Ve a la hormiga, oh perezoso,
> Mira sus caminos, y sé sabio" (Pr. 6:6).

Se obtiene sabiduría al observar el movimiento constante y

disciplinado de la colonia de hormigas. Van y vienen. Viaje tras viaje. Constante, repetitivo, metódico... para salvar vidas. Las hormigas nos recuerdan lo que puede lograrse cuando nos dedicamos sin descanso a la tarea que tenemos por delante.

Recuerda: la fidelidad no es llamativa. La dinámica del poder de la hormiga depende de la repetición. Podría involucrar levantarse y participar prácticamente en la misma actividad, una y otra vez, semana tras semana, año tras año. Pero al medirse a lo largo del tiempo, los efectos de la acción constante pueden ser impresionantes.

BATERÍAS MUSICALES, SEMINARIOS DE MATRIMONIOS Y LECTURA BÍBLICA

Esto nos lleva a la batería.

Mi hijo Alex estaba en sexto grado cuando pidió una batería. Casi le dije no porque imaginé los tambores llenándose de polvo en un rincón de nuestro sótano después de que el interés inicial del chico se desvaneciera. Pero en lugar de eso, en un destello de brillantez paternal, declaré que si él conseguía el 50% del dinero, su madre y yo pagaríamos de buena gana el resto.

Confieso haber pensado que eran pocas las posibilidades de que el chico aceptara mi oferta y cumpliera el trato, pero el muchacho demostró que me equivoqué. No solo aceptó la oferta, sino que también se transformó en un avaro, guardando en una caja de zapatos debajo de su cama una creciente cantidad de monedas y billetes. Su tesoro aumentaba poco a poco, semana a semana. A la caja de zapatos iba a parar todo: su mesada, el regalo de cumpleaños en efectivo que abuelos benevolentes le enviaran por correo, y el dinero que ganaba realizando tareas adicionales en casa. Mi hijo no hizo crecer sus reservas repentinamente, sino poco a poco, dólar a dólar. Su persistencia me impresionó.

EL RETO

Al considerar el lento y constante progreso del poder de la hormiga, he aquí un reto para ti. ¿A qué actividad o disciplina puedes dedicarte día tras día, semana tras semana, año tras año?

Un amigo mío, cuyo peso se había vuelto peligrosamente nocivo, decidió comenzar a caminar todos los días. Al principio, su progreso fue increíblemente lento; caminar incluso un par de cuadras era un reto. Sin embargo, después de semanas de caminar comenzó a perder kilos y entonces empezó a trotar en segmentos cortos. Ahora es un corredor ávido. Su pérdida de peso no fue consecuencia de una dieta de moda, sino resultado de una disciplina nueva que él repitió fielmente durante un período prolongado.

No esperes ver un cambio masivo repentino. Es como el arce que plantamos en nuestro jardín. Veíamos poco cambio de semana en semana, pero ahora en ese lugar se encuentra un árbol grande y robusto donde hace veinte años enterramos una vara. Algunos de nuestros desarrollos más importantes pueden medirse solo después de meses o incluso años. Por tanto, sé paciente. Las pequeñas tareas que haces vez tras vez, semana tras semana, una y otra vez, sí importan. Los mil pasos corrientes que das valdrán la pena el viaje.

MEDITACIÓN

Considera una actividad de hormiga que podrías comenzar de inmediato. La lista que sigue no es exhaustiva, pero podría darte algunas ideas.

- Agradece sinceramente a alguien cada día por el trabajo que hace.
- Camina o trota tres días por semana.

- Ora a diario por tus hijos o nietos.
- Empieza un programa constante de ahorros apartando dinero de *cada* salario.
- Dona fielmente cierta cantidad de todo lo que recibas.
- Lee un capítulo de la Biblia cada mañana.
- Disfruta cada noche de un libro al menos durante treinta minutos en lugar de ver televisión.

¿Qué actividad de hormiga puedes comenzar hoy? Recuerda: no necesita ser espectacular o llamativa. Lo importante es que sea una acción constante que se realice durante un tiempo. Elige una actividad que funcione para ti, y escríbela:

____

____

DÍA 3:

EL SEÑOR ROGERS

CHRIS Y YO RECORRIMOS EL BULEVAR HOLLYWOOD, explorando los nombres de las estrellas en la acera. Tom Cruise. Jack Nicholson. Johnny Cash. Meryl Streep. Leonardo DiCaprio, ABBA. Julia Roberts. Una estrella tras otra, honrando las carreras de celebridades del cine, la televisión y la música. Entonces divisé la estrella que había estado buscando y posé para una foto a su lado.

Fred Rogers. Mi héroe.

Hoy día, el legado de Fred Rogers vive a través del programa infantil animado *Daniel Tigre*, el cual disfruto viendo con mi nieto Preston. Pero cuando yo era niño, Fred Rogers aparecía en el programa *La vecindad del señor Rogers*, que se transmitía diariamente por televisión pública. Si tienes edad suficiente para recordar el programa, es probable que recuerdes cómo comenzaba cada episodio y tal vez puedas cantar la melodía de apertura.

UN DÍA HERMOSO EN LA VECINDAD

Empieza música de piano, y Fred Rogers atraviesa la puerta con una sonrisa y saluda con la mano mientras canta el tema: "Es un día hermoso en la vecindad". Su solo continúa mientras Fred desciende un corto tramo de escaleras hasta el clóset, donde se cambia la chaqueta por un suéter con cremallera. Luego se sienta en un banco, se quita los zapatos de vestir, y se amarra las zapatillas deportivas. Una vez cambiado de vestuario, termina el número de apertura con la invitación: "¿Quieres ser, por favor, quieres ser, por favor, mi vecino?".

Así es como Fred McFeely Rogers abrió su programa durante treinta y tres años. Entre 1968 y 2001 adoptó la repetición de atravesar la puerta y cantar el mismo número de apertura mientras se cambiaba la chaqueta y los zapatos por ropa más casual.

Y ¿por qué la repetición? ¿Por qué el mismo patrón día tras día, semana tras semana, año tras año? Es decir, ¿no te aburrirías después de, digamos, ocho años de hacer esto? Ahora duplica eso a dieciséis años. Vuelve a duplicarlo a treinta y dos años, y estás acercándote a la cantidad de tiempo que Fred Rogers repitió su secuencia de apertura. ¿Por qué elegiría alguien una rutina diaria tan tediosa?

Sospecho que Fred Rogers representaba su ritmo diario para modelar constancia. Muchos de sus espectadores jóvenes venían de hogares caracterizados por estructura y orden. Ya sabes, hogares donde se ajustaban relojes despertadores, se preparaban desayunos, se alimentaba al perro, y todos iban obedientemente al trabajo o la escuela. Más adelante los adultos volvían del trabajo a preparar la cena, ayudar con la tarea escolar y llevar a los niños a dormir. Orden diario. Rutina. Constancia.

Sin embargo, otros espectadores sabían poco de constancia o formalidad. Venían de hogares caracterizados por caos y trastornos, sin ninguna apariencia de estabilidad o rutina predecible. Me pregunto si al modelar su constancia diaria, Fred Rogers sirvió como la presencia más formal en las vidas de muchos de estos chicos. Cuelga la chaqueta cuando te la quites. Amarra los zapatos cuando te los pongas. Puedes emplear ciertos ritmos, patrones y costumbres de forma repetitiva para hacer que la vida funcione bien. Fred Rogers modeló esto a través de los rituales diarios de su programa.

El señor Rogers encarnó la formalidad. Estaba fielmente presente. Ministró semana tras semana durante treinta y tres asombrosos años. Creo que *ministrar* es la palabra apropiada para describir su influencia. Fred Rogers fue ordenado por la Iglesia Presbiteriana para servir a las familias a través de la televisión. Vestía la ropa de un sirviente cada vez que se ponía el suéter y se amarraba los zapatos.

Fred creía que el mundo no era un lugar seguro y que los niños lo descubrirían pronto, experimentando las emociones sombrías de temor, soledad y dolor. Necesitaban un vecino que les ayudara a procesar la vida. Fred Rogers se dedicó a ser ese vecino: constante, fiel y confiable.

EL LEGADO

La obra de la vida de mi héroe, Fred Rogers, no pasó desapercibida.

Su programa atrajo invitados musicales como Yo-Yo Ma y Wynton Marsalis.

- *La vecindad del señor Rogers* fue honrada con cuatro premios Daytime Emmy.
- En 1997 recibió el premio Lifetime Achievement de la National Academy of Television Arts & Sciences.
- Fue admitido en el Salón de la Fama de Televisión en 1999.
- En 2002, el año anterior a su muerte, fue galardonado con el premio civil más alto que un estadounidense puede recibir: la Medalla Presidencial de la Libertad.

Y ¿por qué razón? Nada de imágenes hábiles computarizadas ni gráficos impresionantes. Estamos hablando de marionetas de trapo, amigo mío, con Rogers mismo representando muchas de las partes. Él también escribió y tocó la mayor parte de la música del programa, la cual era simple en melodía y letra.

¿Por qué entonces todos los elogios y premios? Creo que fueron resultado de su compromiso apasionado por mucho tiempo. Durante años se volcó en el programa con amor, habilidad y gracia. Rogers aprovechó el poder de comenzar por lo pequeño. Su grandeza brotó de fidelidad redundante. Este hombre reunió energía creativa para tareas rutinarias. Y lo hizo durante décadas.[4]

LONGEVIDAD APASIONADA

Creo que podemos obtener una importante lección de vida del compromiso de Fred Rogers. Se trata de longevidad apasionada: no simplemente existir por mucho tiempo, sino dar auténticamente lo mejor de nosotros a los demás durante mucho tiempo. Impactar vidas toma tiempo.

Se necesita tiempo para crear confianza.

Se necesita tiempo para perfeccionar una serie de habilidades.

Se necesita tiempo para construir una reputación sólida.

No te pierdas el reto que se encuentra en la clase de influencia de vida que estoy describiendo. Por lo general, no dejamos nuestra marca saltando de un logro espectacular a otro. Gran parte de nuestro avance no es tan interesante al verlo de día en día. Tal vida presiona su huella profunda en las vidas de otras personas solo a través de sopesar la suma colectiva de estos momentos repetidos.

¿Con qué y con quién *estás* profundamente comprometido? Demasiados de nosotros no lo sabemos. Incursionamos o revoloteamos de un interés al próximo. De iglesia en iglesia, de trabajo en trabajo, y quizás de cónyuge en cónyuge. Rápidamente perdemos interés, o paciencia, y volamos a lo nuevo que sigue. Sin embargo, algún día y en alguna parte debemos aterrizar. Tendremos que averiguar nuestro llamado y entonces empezar a hacer la obra lenta y constante

4. La información acerca de Fred Rogers viene de varios sitios web.

de construir un legado. Los grandes sueños solo son poderosos cuando están anclados a una disciplina diaria. Sueña en grande, pero comienza por lo pequeño. Sé fiel en lo común una y otra vez. Y confía en que Dios obra en maneras extraordinarias si Él quiere y cuando lo dispone. Comprométete con actos diarios de servicio, y confíale a Dios los resultados.

REGRESARÉ

En la conclusión de cada programa, el señor Rogers invertía los pasos dados en la introducción, poniéndose los zapatos de calle y la chaqueta y cantando un número de cierre. Su canción de cierre cambiaba con el tiempo, pero en los últimos años del programa Fred cantaba:

> Regresaré, cuando el día sea nuevo
> y tendré más ideas para ti.
> Tendrás cosas de las que querrás hablar
> y yo también.

Esa palabra ("regresaré") tipificó su carrera de treinta y tres años. Regresaba. Día tras día. Semana tras semana. Mes tras mes. Década tras década. Él era un vecino confiable y fiel. Deseo fervientemente ser como mi héroe, el señor Rogers.

MEDITACIÓN

¿Con qué y con quiénes *estás* profundamente comprometido? Agarra un bolígrafo y escribe una corta lista. Tu respuesta podría incluir los nombres de familiares: hijos, cónyuge, hermanos o padres. O tal vez la iglesia donde inviertes tiempo, oración y apoyo económico, o una organización sin fines de lucro que te haya conquistado el corazón y que podría conquistar tu compromiso. Una vocación profesional debería anclar tu lista: ¿cómo estás llevando pasión y excelencia a lo que a menudo se convierte en "solo un trabajo"? El trabajo consume demasiado de nuestras vidas como para que simplemente perdure o lo toleremos. ¿Tienes un don o una habilidad que florecerá solo si le consagras tiempo y energía?

¿A qué te dedicas? ¿Con quiénes estás comprometido? Aunque estés pasando una temporada de transición laboral o problemas familiares, algunos compromisos pueden sostenerte a ti y a quienes te rodean. Toma un momento para escribir tales compromisos aquí:

DÍA 4:

LECCIÓN MÓVIL DE HISTORIA

EN SU LIBRO *EMPRESAS QUE CAEN*, EL CONSULTOR DE negocios Jim Collins dictamina: "La firma de la mediocridad es la incoherencia crónica".[5]

Desde luego, lo contrario a incoherencia crónica es coherencia crónica: esa cualidad de carácter incrustada en la palabra *fidelidad*. Pero muchos de nosotros nos aburrimos fácilmente al dar los pasos lentos y constantes de una vida fiel, y a cambio estamos en la búsqueda perpetua de "lo próximo grandioso". Queremos cambiar el mundo, o al menos nuestro rinconcito en este, pero no conseguimos un cambio significativo porque simplemente no hemos aprendido el poder de mostrar coherencia. Sin embargo, recuerda que servir en forma que inspire y transforme requiere a menudo que nos entreguemos vez tras vez… con frecuencia del mismo modo, y por lo general a las mismas personas.

Chris y yo hemos servido a la comunidad de la Iglesia Bíblica Ada por más de treinta años. Hoy día, el ministerio es una iglesia en varias instalaciones que toca miles de vidas. Pero en los primeros años,

5. Jim Collins, *How the Mighty Fall: And Why Some Companies Never Give In* (Nueva York: Collins Business Essentials, 2011), p. 92. Publicado en español por Grupo Planeta con el título *Empresas que caen: Y por qué otras sobreviven.*

durante *muchos* años, nuestra gente servía con diligencia tratando tan solo de mantener las puertas abiertas. Esa época de lucha es importante para nuestra historia, y no debemos olvidarla.

Por eso es que a menudo reúno a nuevos miembros del personal en una furgoneta de la iglesia y los llevo a un recorrido por nuestras antiguas ubicaciones. Dirijo esta "lección móvil de historia" porque en una congregación de nuestro tamaño es fácil llegar a enamorarse de "lo próximo grandioso". Deseo que quienes dirigen nuestros ministerios adopten la disciplina de comenzar por lo pequeño... para que comprendan que soñar en grande es inútil si no está acompañado de una rutina cotidiana fiel.

Anhelo que nuestros siervos cultiven fiabilidad tenaz a fin de que capten la necesidad de entregarse día tras día, particularmente en temporadas decepcionantes en que parece como si no estuviera ocurriendo nada monumental. No hacemos este recorrido histórico para ponerme nostálgico respecto a nuestro pasado, sino con el fin de marcar esas cualidades esenciales para nuestro futuro.

Déjame llevarte por una típica lección móvil de historia.

Es un hermoso día de junio cuando subimos a la furgoneta de quince pasajeros y nos alejamos de nuestras instalaciones Cascade que sirven a unas cuatro mil personas cada fin de semana. Hoy me acompañan ocho de mis colaboradores que representan varios ministerios dentro de la iglesia: adultos solteros, jóvenes, música, misiones y grupos pequeños. Estos ocho individuos tienen un par de cosas en común. Primero, todos son nuevos en el personal de nuestra iglesia, y obtuvieron sus posiciones en el último año. Segundo, son jóvenes, la mayoría de unos veinticinco años, lo cual significa que he estado haciendo este ministerio más tiempo del que la mayoría de ellos ha vivido.

Nuestro recorrido terminará en mi casa, donde disfrutaremos del almuerzo en el patio trasero, pero he seleccionado intencionalmente una ruta indirecta para llegar allí.

LA CASA DE JOE Y NANCY

Subimos una calle residencial y paramos frente a una casa común y corriente. Explico que esta era la vivienda de Joe y Nancy Smith, la pareja que comenzó la Iglesia Bíblica Ada hace cuatro décadas. Las primeras reuniones se llevaban a cabo en su sala. La iglesia luchó entonces, moviéndose de una ubicación temporal a otra y soportando la desilusión de ver cómo asistentes nuevos y entusiastas se cansaban y seguían su propio camino. Los Smith trabajaron durante siete años y renunciaron sin conseguir lo que habían esperado lograr. No obstante, dejaron atrás un núcleo sólido de unos veinte asistentes fieles.

Ahí es donde comenzó la Iglesia Bíblica Ada.

LA CASA AMARILLA

Nuestra lección móvil de historia continúa cuando conducimos algunos kilómetros más al oeste. Nos detenemos frente a otra casa. Explico que la modesta vivienda amarilla al otro lado de la calle sirvió como lugar de reunión para la Iglesia Bíblica Ada la primera vez que prediqué allí, siendo estudiante universitario de veintiún años de edad. La edificación, ahora transformada en una casa, tenía setenta sillas plegables. El sótano servía como nuestro salón de clases para niños.

La furgoneta está encendida en neutro mientras miramos mi pasado… nuestro pasado. Recuerdo que prediqué en este edificio durante cinco años, experimentando tres demoras profundamente decepcionantes en una reubicación muy necesaria. Cuando finalmente vendimos el edificio, los cerca de cincuenta asistentes mudamos los cultos de adoración a un colegio cercano y luego intentamos construir nuevas instalaciones con trabajo voluntario.

LA CAJA AZUL

Manejamos hasta la esquina, giramos a la izquierda, y avanzamos kilómetro y medio hasta nuestro próximo destino. Esta estructura color azul claro de dos pisos y forma cuadrada fue la sede de la Iglesia Bíblica Ada entre 1990 y 1998. En el auditorio tal vez entraban doscientas personas. En nuestro primer fin de semana nos alegramos con los 115 asistentes al culto inaugural. Ya había pastoreado la iglesia durante siete años, y mi trabajo siguió a los siete años de Joe y Nancy. Esos son catorce años de labor dedicada para llegar a una asistencia constante de cien personas.

Sé que una iglesia de ese tamaño es un logro extraordinario en algunas partes del mundo, pero no en Grand Rapids, Michigan, con un centro significativamente poblado y una gran cantidad de personas buscando una experiencia de iglesia. Nuestros primeros años en ninguna manera fueron espectaculares, aparte de la virtud singular de la perseverancia. No renunciamos.

Salimos de la furgoneta y nos agrupamos en el estacionamiento mientras yo hablaba de los retos que capeamos en esta nueva era de ministerio. Después de años de tratar de despegar, experimentamos un súbito crecimiento. Realizamos dos reuniones y luego tres, pasando de doscientos a quinientos, y luego a novecientos asistentes. En el proceso, perdimos nuestra identidad como la pequeña iglesia familiar donde todos conocían a todos los demás. Esta transición fue desagradable e incómoda.

Imagina a un jovencito de trece años que crece diez centímetros en el verano: desgarbado y descoordinado en sus mal ajustados pantalones vaqueros del año anterior. Así éramos nosotros.

En muchos sentidos, no sentimos esta transición como una iglesia pequeña en crecimiento, sino más bien como una iglesia pequeña agonizante que daba paso a otra más grande. El crecimiento viene dolorosamente. Cada vez que ganas algo, pierdes algo.

Ocho años de recorrido desenfrenado en este edificio azul cuadrado finalmente acabaron. Vendimos el local y nos mudamos una vez más a un colegio de la zona, mientras nos dedicábamos a buscar una propiedad y comenzábamos de nuevo el desafiante proceso de reubicarnos.

ALMUERZO DEBAJO DEL ABEDUL

Regresamos a la furgoneta y nos dirigimos a mi casa a almorzar. Es un día cálido de inicios del verano, y Chris ha preparado una comida deliciosa que disfrutamos en el patio trasero. Nos sentamos en una mesa rústica bajo la sombra de nuestro abedul, y hablamos. Chris y yo respondemos con franqueza preguntas sobre desilusión, desánimo y perseverancia. Hablamos de nuestros momentos más satisfactorios en el ministerio, y confesamos abiertamente cuando sentimos que íbamos a renunciar.

Esta no es una simple lección de historia. Esta conversación es acerca de fidelidad. Es un diálogo sobre resistencia... sobre el reto de aparecer una, y otra, y otra vez. Mis ocho colaboradores se han unido al personal de una gran iglesia con sólida reputación. Anhelo desesperadamente que se relacionen con el sudor y las lágrimas que se derramaron en la Iglesia Bíblica Ada cuando éramos pequeños, batallando por mantenernos con vida, y en gran parte invisibles ante nuestra comunidad.

PASOS FIELES

Un legado de fidelidad es lo que deseo para mis colaboradores (y para los miembros de mi congregación) y es lo que deseo para ti. Si aspiras a ser parte de un negocio, una iglesia, una escuela, un campamento o una familia excepcional, o incluso una vida influyente, no hay sustituto para la fidelidad a lo largo del tiempo. Sí, durante el viaje podrías experimentar progresos repentinos. Pero esas oleadas "repentinas" por lo general están precedidas por largos períodos de perseverancia firme y fiel.

Perseverar es difícil. Es fácil impacientarse, inquietarse y aburrirse. Aunque no es una virtud seductora, la fidelidad *es* una de las virtudes más importantes. Explora la historia de cualquier organización sana y descubrirás, en el fondo, un núcleo de individuos que se mantuvieron firmes.

La gente que, en maneras grandes y pequeñas, termina cambiando su mundo son personas con una vida de constancia crónica. Constantemente se presentan, vez tras vez, por lo general del mismo modo y ante las mismas personas.

Las vidas realmente grandes nacen de pasos firmes y persistentes en una dirección singular y santa.

MEDITACIÓN

Al completar el Día 4, reflexiona en retos actuales que estás experimentando en el trabajo, el ministerio o la familia. ¿Es posible que Dios esté llamándote a un tiempo de fidelidad en medio de esta época de profundos retos? Escribe una descripción breve de tus circunstancias y una oración corta (solo una o dos líneas) pidiéndole a Dios que te conceda un espíritu fiel en este tiempo.

DÍA 5:

LA MARCHA DE TREINTA Y DOS KILÓMETROS

EN 1911 DOS EQUIPOS DE EXPLORADORES BATALLARON contra la intemperie de la Antártida en una carrera para convertirse en los primeros seres humanos en llegar al Polo Sur. Robert Falcon Scott de Gran Bretaña y Roald Amundsen de Noruega dirigían sus respectivos equipos, buscando cada uno el honor de plantar la bandera de su nación a noventa grados al sur.

La caminata de tres meses en condiciones árticas resultó ser un reto increíble tanto física como psicológicamente. Los equipos lucharon contra el viento glacial, la congelación, las escasas raciones y el agotamiento mientras cruzaban una expansión blanca al parecer interminable. No solo competían entre sí, sino que también estaban en guerra con los elementos brutales e implacables. Regresar vivos sería un logro extraordinario.

En *Great by Choice* [Grandes por elección], Jim Collins contrastó las estrategias de los dos equipos; a menudo el de Scott prefería recorrer la mayor cantidad posible de kilómetros cuando las condiciones eran favorables, y guarecerse en sus tiendas cuando el clima se volvía riguroso. Al contrario, Amundsen fijó un objetivo de recorrer no más de treinta y dos kilómetros diarios cualesquiera que fueran las condiciones meteorológicas: excepcionales, promedio o terribles.

Las anotaciones en sus diarios revelaban las dos mentalidades. Durante una ventisca particularmente espantosa, Scott escribió: "Dudo que alguna de las partes pueda viajar en tal clima". Pero cuando Amundsen enfrentó condiciones similares, reflexionó: "Ha sido un día desagradable: tormenta, ventisca y congelación, pero nos hemos acercado veintiún kilómetros más a nuestro objetivo".[6]

Al cubrir tantos kilómetros como fuera posible en los días en que el clima era más cooperativo, a menudo Scott llevaba a su equipo al agotamiento. Sin embargo, Amundsen usaba la marca de treinta y dos kilómetros no solo como un objetivo sino también como una restricción. Detenía a su equipo al mediodía una vez logrado el objetivo máximo de treinta y dos kilómetros, aunque las condiciones climáticas fueran favorables y su equipo deseara avanzar más. Él sabía que sobrepasar físicamente el límite podría ser letal si quedaban atrapados en una tormenta de nieve o perdían provisiones en tal estado de fatiga extrema.

Amundsen no solo llegó primero al Polo Sur; también regresó con seguridad al campamento base con su equipo completo el día exacto que había predicho, viajando increíblemente 2993 kilómetros en noventa y tres días.

Scott llegó al Polo Sur para descubrir la bandera noruega ya plantada allí por Amundsen. Trágicamente, Scott y su extenuado equipo perecieron en su viaje de regreso, a solo dieciocho kilómetros de un depósito salvavidas de provisiones.

El progreso firme y disciplinado adoptado por Amundsen sirve como una ilustración convincente del poder de moverse constantemente hacia una meta significativa.

Considera tu propio viaje. ¿A qué prácticas constantes te entregas día tras día, haya sol o ventisca? ¿Qué disciplinas adoptas, sea que lo sientas o no? ¿Cuál es tu propia marcha de treinta y dos kilómetros?

6. Jim Collins, *Great by Choice: Uncertainty, Chaos, and Luck—Why Some Thrive Despite Them All* (Nueva York: HarperBusiness, 2011), p. 61.

TODO ENCAJA

La cuestión no es acerca de actividad al azar, sino de acción persistente. Nuestra influencia es en gran manera el resultado de nuestros hábitos. No es lo que hacemos un día; es lo que decidimos hacer reiteradamente un día y el siguiente.

La ironía es que, aisladamente, ninguna actividad particular parece admirable. Lee a tu hijo una noche. Sé voluntario durante un fin de semana en tu iglesia. Ahorra un poco de dinero antes de que tu salario se evapore. Sal a caminar una mañana. Empieza un día con oración. Pero permite que estas actividades se conviertan en un patrón, en una rutina disciplinada (una marcha de treinta y dos kilómetros), y con el tiempo los beneficios se acumularán. Un legado de fidelidad nace de acciones pequeñas y repetidas.

CÓMO DAR CIEN MIL DÓLARES

Uno de los componentes de mi marcha de treinta y dos kilómetros es dar de modo constante y fiel. Esta es una costumbre a la que Chris y yo nos comprometimos a principios de nuestro matrimonio, y estoy muy sorprendido por su efecto con el tiempo.

Una vez di una charla en la graduación de un colegio acerca del efecto de actuar fielmente en una dirección santa. Ofrecí ideas sobre cómo dar cien mil dólares.

Nuestro viaje empezó con firmar cheques de cuarenta dólares. De recién casados, Chris y yo nos dedicamos a una práctica llamada diezmar: la disciplina de restringir nuestros gastos al 90% de nuestros ingresos, y donar el 10%. No decidimos hacerlo porque nos sobrara dinero. Cuando teníamos poco más de veinte años, y luchábamos por hacer despegar nuestra pequeña iglesia, nuestro salario era muy bajo. Este también fue el tiempo en que nuestros tres hijos llegaron en rápida sucesión, y cada mes luchábamos por comprar alimentos básicos, poner gasolina en el auto, y pagar nuestra pequeña hipoteca.

Firmar esos cheques de cuarenta dólares de ofrenda nos ajustaba bastante, pero persistíamos semana tras semana, mes tras mes, año tras año. Con una iglesia pequeña, criando hijos, y sin mucho margen económico, logramos dar alrededor de dos mil dólares al año, o diez mil dólares en un período de cinco años.

Entonces, tras años de luchar por salir adelante, la iglesia despegó. Nuestro salario aumentó conforme la congregación crecía. Al llegar a los treinta y los cuarenta años, el tamaño de nuestros cheques de ofrenda creció. No he hecho el cálculo exacto, pero en algún momento en nuestra cuarta década cruzamos el umbral de obsequiar nuestros primeros cien mil dólares. Lo que me impresiona es que la cantidad de nuestros cheques individuales, tomados por separado, no parecería impresionante. No es el tamaño de un solo regalo, sino la repetición (la constancia) por un largo período lo que construye un legado de generosidad.

Ahora bien, no pretendo que esta práctica parezca fácil. No lo fue. Pero estoy muy agradecido de que adoptáramos temprano la costumbre. Esta fue parte de nuestra marcha de treinta y dos kilómetros. Nos aferramos a algo bueno y nos comprometimos a llevarlo a cabo.

Por tanto, he aquí mi consejo para que des tus primeros cien mil dólares. Empieza ahora mismo. No esperes hasta que te sientas rico. Selecciona un porcentaje de tus ingresos que te represente esfuerzo y empieza a dar de modo constante y sistemático. Nuestro viaje empezó con firmar cheques de cuarenta dólares, lo cual expandió nuestra fe. ¿Dónde comenzará el tuyo?

DÍA TRAS DÍA

Lo que hemos experimentado con nuestra marcha de treinta y dos kilómetros en ofrendas financieras se aplica al ejercicio, al servicio, a la lectura bíblica y a la crianza de hijos.

¿Qué legado construirás día tras día cuando te embarques en tu marcha de treinta y dos kilómetros? ¿Qué te parece demasiado grande para abordarlo todo a la vez? Los legados no se construyen en un día. Crecen con el tiempo, poco a poco, kilómetro a kilómetro, y día tras día. Sueña en grande, pero comienza por lo pequeño. El éxito en las grandes cosas requiere compromiso confiable en las pequeñas acciones cotidianas.

MEDITACIÓN

Al cerrar la Semana Uno, es importante poner en práctica estas ideas acerca de fidelidad persistente. Piensa ahora mismo en ese objetivo al parecer "demasiado grande para conquistar" y planifica el primer paso en tu marcha de treinta y dos kilómetros. Concéntrate en el progreso constante. ¿A qué disciplina santa te entregarás con constancia, sea con sol o con tormenta?

____

____

____

SEMANA DOS:

RECARGA DE UN TANQUE VACÍO

SIN COMBUSTIBLE

Acabo de llenar el tanque de mi Subaru. Al conducir en los dos últimos días he observado que la aguja en mi medidor de gasolina se mueve incesantemente hacia la E.

Si has estado manejando por algún tiempo sabes que esto es automático. Una desilusión total. Miras el medidor, calculas cuánto puedes conducir, y piensas en cuándo y dónde llenar el tanque antes de que tu auto se detenga abruptamente.

Evaluar nuestras reservas espirituales y emocionales es mucho más complejo. Tenemos la tendencia de "vaciarnos" sin darnos cuenta. Cuando se pierde la pasión, nuestro estado de ánimo se amarga, nuestra creatividad se evapora y nos resulta difícil tomar decisiones fundamentales.

Si queremos amar y servir fielmente durante mucho tiempo, debemos volvernos especialistas en refrescar nuestros espíritus cansados. Por eso esta semana nos enfocaremos en llenar el tanque.

DÍA 6:

RENUNCIAR ANTES DE CRUZAR LA META

HACE UNOS CUANTOS VERANOS ME SENTÉ A ESCUCHAR A Huey Lewis en un concierto al aire libre. En 1985 uno de sus éxitos, "El poder del amor", se usó como la banda sonora en la película *Volver al futuro*.

Antes de interpretar la canción esa noche, Lewis declaró en broma: "Cuando compuse esto hace años, no tenía idea de que tendría que cantar esta canción todos los días por el resto de mi asquerosa vida". Los espectadores rieron. ¡Entonces la fuerza de las notas iniciales explotó en el escenario y Lewis lo logró! Aunque había interpretado la canción cientos de veces antes, se negó a hacerlo superficialmente. Cantó con energía, y sentimos que se nos había dado un regalo.

Me gusta ver personas que ponen energía y pasión en su trabajo mucho después de que el entusiasmo inicial se ha consumido.

¿Dónde has visto esto? Es visible en el maestro que vierte creatividad en sus lecciones después de veinte años como educador. Lo he presenciado en mi médico familiar, que con esmero habla con los pacientes cuando atraviesa la puerta de una sala de examen, aunque lo haya hecho literalmente miles de veces. Lo detectas en el carpintero de cabello canoso que todavía se preocupa de que la casa que está enmarcando quede cuadrada.

Una cosa es estar entusiasmados con nuestro trabajo cuando es nuevo y fresco, y otra totalmente distinta es dedicarnos a hacer tareas que hemos estado haciendo durante años.

Desde hace tiempo, he sabido que treinta años en una profesión no se traducen automáticamente en tres décadas de pasión. El hecho de hacer algo por mucho tiempo no significa que lo hagamos con excelencia. Es más, a medida que se acumulan los años podemos aburrirnos, desilusionarnos o volvernos cínicos. La cantidad de tiempo en juego puede obrar contra nosotros, adormeciéndonos y deprimiéndonos lentamente.

¿CUÁNDO RENUNCIASTE?

En negocios, escuelas, iglesias y familias tendemos a renunciar mucho antes de alcanzar la meta. Desanimados y desilusionados, nos aislamos, nos insensibilizamos o nos ausentamos.

¿Es posible que aún estés casado, pero que renunciaras a tu matrimonio años atrás? ¿Estás en la misma casa, pero emocionalmente abandonaste a tu cónyuge hace mucho tiempo? ¿Están los dos representando tan solo a una pareja casada, tratando de hacer que todo se vea bien para el mundo exterior mientras que por dentro las cosas están derrumbándose?

¿Dejaste de ser padre años antes de que tu hijo se fuera de casa? ¿Te hicieron tirar la toalla los retos de la adolescencia? ¿Recuerdas un altercado, un engaño o una ofensa en que silenciosamente (o quizás no tan silenciosamente) exclamaste: "¡Me rindo!"?

¿Recuerdas la conversación profundamente decepcionante en que tu jefe, la junta o el ministerio aplastaron la mejor idea de la historia? ¿Qué sucedió en tu espíritu esa noche y las semanas siguientes? ¿Es posible que tu cuerpo aún ocupe la oficina varios días a la semana, pero que dejaras de entregarte de corazón hace meses o años?

¿Renunciaste en alguna parte del recorrido antes de llegar a la meta final?

TERMINAR A LO GRANDE

Ahora que soy cincuentón, cada vez me hago más preguntas acerca del legado que no estaban en mi mente cuando tenía veinticinco. Concretamente: ¿En qué clase de hombre deseo convertirme? Si se me concede salud y lucidez mental, ¿qué tipo de energía, aliento y creatividad brindaré a los, digamos, setenta años?

Se ha abusado tanto de la expresión "terminar a lo grande", que parece un cliché. Pero como corredor y como pastor que entra a su cuarta década en el ministerio, la expresión evoca en mí una imagen poderosa, una imagen de no abandonar cuando la carrera se pone difícil, sino de cruzar la línea de meta.

No quiero simplemente soportar el ministerio, el matrimonio y las amistades. Quiero mantenerme totalmente comprometido, llevar la mejor versión de mí a las necesidades de quienes me rodean. Ni siquiera deseo convertirme en alguien parado detrás de un atril profiriendo palabras mecánicas, formulistas y patéticas carentes de consuelo, poder y reto. No quiero renunciar antes de terminar.

No creo que la pasión pueda mantenerse indefinidamente. Creo que debe restaurarse. Reflexiono en la motivación que el apóstol Pablo escribió al joven pastor Timoteo, usando la metáfora del fuego: "Te aconsejo que avives el fuego del don de Dios que está en ti... Porque no nos ha dado Dios espíritu de cobardía, sino de poder, de amor y de dominio propio" (2 Ti. 1:6-7).

Es poderosa la imagen que usa Pablo de avivar brasas agonizantes en un fuego. A veces el fuego empieza a extinguirse, y necesitamos un movimiento fresco de aire para que las llamas ardan otra vez de manera brillante. ¿Qué acontecimientos, amistades y prácticas avivan tu fuego y restauran tu pasión por vivir? El objetivo no solo es longevidad, sino también apasionada fidelidad con el paso del tiempo. No se trata solo de mostrarnos, sino de dar a otros la mejor versión de nosotros.

En la Semana Uno, exploramos la cualidad de la fidelidad constante. Ahora, en la Semana Dos, cambiamos nuestra atención al reto de restaurar la vitalidad durante un período más prolongado. En los capítulos siguientes hablaremos de cómo llenar un tanque vacío. Si día tras día, semana tras semana y año tras año te vuelcas en otros, te secarás. ¿Qué harás para restaurar tu energía y tu pasión? La respuesta a esta pregunta determinará la alegría que llevarás a otros durante cinco, diez o veinte años a partir de ahora. No tienes que llegar a un punto en que no tengas energía. Puedes terminar a lo grande.

MEDITACIÓN

Antes de cerrar el Día 6, por favor, lee esta oración en voz alta:

Misericordioso Dios: Necesito desesperadamente tu recarga en mi vida. La vida me agota. Las personas me agotan. Para servir fielmente con amor y pasión, necesito que restaures mi alma.

Por favor, llena mi vida para que con los recursos que me proporcionas yo pueda gentilmente llenar a otros. No quiero vivir sin pasión.

Pido tu sabiduría con mi agradecimiento para todo lo que provees.

DÍA 7:

PUESTOS DE AUXILIO

ME INSTALÉ EN UNA CAFETERÍA A LEER Y ESCRIBIR. ERA EL ambiente perfecto y pacífico para aquietar mi corazón y reflexionar sobre la vida. Pero mi tranquilidad fue interrumpida rápidamente por el inicio de un punzante dolor de cabeza. Ya antes había experimentado este amortiguado palpitar, y tan pronto como empezó supe de inmediato lo que estaba sucediendo y por qué.

Temprano en la mañana había salido a correr en el aire húmedo de noviembre. La temperatura era gélida y yo estaba demasiado abrigado. Me calenté durante la carrera y me sobrecalenté un poco. No estaba muy sediento y no bebí nada durante la carrera, al llegar al auto, ni al llegar a casa. Gran equivocación.

Una vez en casa me duché, recogí mi diario y la computadora portátil, y me dirigí al sosiego de la cafetería. Fue entonces cuando el dolor de cabeza inducido por la deshidratación comenzó a robarme la concentración. Me acerqué al mostrador y pedí un vaso de agua, y luego otro. Pero la deshidratación tarda en remediarse, y el dolor de cabeza aumentaba. El dolor no se disipó completamente en horas.

Ya antes había cometido esta equivocación, y tal vez vuelva a cometerla. La lección es sencilla: No esperes a tener sed para beber. Debes saber lo que tu sistema necesita, y actuar en consecuencia. En un esfuerzo prolongado (caminar bastante, pasear en bicicleta o correr), toma agua antes de tener sed. Si esperas hasta estar reseco, es probable que hayas esperado demasiado. Desdichadamente, por lo general descubrimos lo que debimos haber hecho después de que no lo hicimos.

Mi dolor de cabeza en la cafetería sirve como una parábola para el agotamiento emocional y la necesidad de reponernos. Servir a una familia, una empresa o un ministerio agota tus reservas emocionales. Si constantemente te entregas, requieres un régimen para llenarte: rehidratación, por así decirlo. Cada "kilómetro" de servicio te quita algo. Si quieres vivir y amar fielmente durante décadas (distancia de maratón), es mejor saber cómo restaurar continuamente los recursos agotados. Y es preferible hacerlo antes de que estés en desesperada necesidad.

La lección es clara. No esperes hasta sentir dolor agudo de cabeza para empezar a buscar agua. Bebe antes de tener sed. Hablemos ahora de formas de llenar tu espíritu mucho antes de deshidratarte emocionalmente, espiritualmente o relacionalmente.

TIEMPO LIBRE

No esperes los síntomas del agotamiento emocional antes de justificar unas vacaciones o incluir momentos de descanso en tu calendario. Planifica tiempo libre mucho antes de experimentar un accidente. Una vez que estés totalmente agotado y reseco, una semana lejos no es suficiente para reparar los extremos tensos de tu vida cargada.

Durante un tiempo complicado en el ministerio de Jesús, mientras las multitudes entusiastas le reclamaban atención y los enemigos resentidos lo acosaban, Él decidió alejarse con sus apóstoles. "Venid vosotros aparte a un lugar desierto, y descansad un poco" (Mr. 6:31). Vuelve a leer estas palabras. Óyelas como una invitación personal. Todos tenemos temporadas intensas en que necesitamos ir a un lugar tranquilo y descansar. Además, recuerda que algunos viajes no son tranquilos. Tal vez estés familiarizado con el tipo de escapada que hace que necesites unas vacaciones para descansar de tus vacaciones. Años atrás, decidimos no hacer un viaje complicado por tierra y en su lugar alquilar una sencilla cabaña en el lago no lejos de nuestra casa.

RETIROS DIARIOS

No esperes unas vacaciones para recargar tus baterías. Nútrete diariamente.

En la Semana Tres exploraremos una historia en que Jesús se retiró en medio de un fin semana frenético de servir a la gente. "Levantándose muy de mañana, siendo aún muy oscuro, salió y se fue a un lugar desierto, y allí oraba" (Mr. 1:35).

Adopta la práctica de un retiro diario. Busca momentos tranquilos para reflexionar en las Escrituras, expresar gratitud por las bendiciones que te rodean e invitar a Dios a tus relaciones y decisiones exigentes.

No esperes hasta encontrarte en medio de un desierto espiritual para llenar tu tanque. Crea espacio para llenar cada día tu espíritu sediento.

AMISTADES VIVIFICANTES

Haz espacio para amistades vivificantes. ¿Quiénes son tus amigos verdaderos, y cómo refleja tu calendario tu devoción hacia ellos?

En ocasiones, Jesús enseñaba a miles de personas, pero también tenía un círculo íntimo que limitó a doce discípulos, y entre estos tenía una relación aún más cercana con Pedro, Jacobo y Juan. Jesús también visitaba a menudo el hogar de los hermanos María, Marta y Lázaro en Betania. Ya que el pueblo de ellos se hallaba a unos tres kilómetros de Jerusalén, Jesús podía encontrar refugio entre amigos confiables mientras enfrentaba hostilidad en la capital.

La vida puede ser solitaria, pero la hacemos más solitaria de lo que debe ser al gastar nuestra energía entre cien conocidos superficiales mientras nos negamos a relacionarnos profundamente con alguien de manera individual. No esperes hasta estar relacionalmente hambriento para invertir en amistades vivificantes.

FAMILIA SALUDABLE

No tienes que hacer nada para que las relaciones familiares se erosionen; estas se deslizan cuesta abajo por la fuerza gravitacional en el desgaste rutinario de la vida. ¿Cómo das prioridad a los miembros de tu familia en tu atareada vida? Programa tiempos juntos de inactividad, un ocasional fin de semana lejos, una cita nocturna semanal con tu cónyuge o desayunar con uno de tus hijos. Crea tiempo para sentarte a comer y reír. Inviertan unos en otros antes de que las fracturas por la tensión sean visibles. Busca ayuda temprano, antes de que alguien esté a punto de rendirse. Hidrátate antes de que el dolor masivo de cabeza te haga saber que no lo hiciste.

ACTIVIDADES REVITALIZANTES

¿Qué te revitaliza? ¿Caminar, pintar, navegar, tiempo con los nietos? ¿Qué actividad recarga tus baterías, y cómo das prioridad a esas actividades en tu horario? No es egoísta invertir en tu salud emocional. Cuando estoy quedándome sin combustible, arrastrándome por la vida en un estado de agotamiento perpetuo, no puedo dirigir, servir o amar en mi mejor forma. La vida se escurre. Debemos descubrir maneras de reponernos antes de que la crisis venga.

Las carreras de cierta longitud tienen puestos de auxilio a lo largo del camino. Voluntarios llenan miles de vasos con agua o con bebidas energizantes. Estas mesas están ubicadas en intervalos previsibles a lo largo del trazado, con mapas que permiten saber exactamente dónde encontrar puestos de auxilio. Creo que esta es una gran imagen de cómo prepararnos para mantenernos hidratados en todas las áreas de nuestras vidas.

Recuerda estas palabras de Jesús a sus discípulos: "Venid vosotros aparte a un lugar desierto, y descansad un poco" (Mr. 6:31).

Conoce dónde están los puestos de auxilio. Bebe antes de tener sed. No esperes una debacle o una crisis antes de llenar tu tanque.

MEDITACIÓN

Antes de terminar la lectura de hoy, levanta tu calendario.

Mira hacia adelante cuatro semanas para discernir dónde pueden programarse puestos de auxilio en tu vida. En el trascurso del próximo mes, ¿dónde puedes pasar tiempo desacelerado con tu familia o con amigos cercanos? ¿Dónde puedes agendar momentos tranquilos para sentarte, leer y reflexionar?

Programa ahora esos momentos. Escríbelos en tu calendario antes de que cada uno esté reclamado por actividad agotadora.

Mira ahora hacia adelante tres meses. ¿Dónde puedes sacar tiempo significativo lejos? Programa estos tiempos de descanso mucho antes de que demandas y compromisos rutinarios pretendan reclamar todo momento de aliento.

DÍA 8:

EL ARTE DE DESCANSAR

NOS DESPERTAMOS MÁS TARDE DE LO COMÚN LA MAÑANA de un viernes de octubre. Invité a Chris a que saliéramos a desayunar, pero ella optó por hacerlo en casa. Cuando yo tenía doce años mi madre murió, dejando a un pastor afligido con cinco hijos. Hasta que mi padre volvió a casarse, yo tenía la asignación diaria de preparar el desayuno para la familia. Aparte de asar carne, esta es mi única habilidad culinaria, y la disfruto en gran manera.

De sobras de puré de papas moldeo tortas de papa, dorándolas en nuestra sartén de hierro fundido. En otra sartén sofrío cebollas y luego revuelvo huevos y salchichas para una mezcla de huevos revueltos.

No siento que eso sea trabajo para mí. Es algo que quiero hacer.

Este es un inicio desacelerado para un día lento y libre de cargas. El viernes es nuestro día de reposo.

Predico el sábado por la noche y dos veces el domingo. Al hablar tres veces e interactuar con decenas de personas, estas reuniones de fin de semana me resultan emocional y psicológicamente agotadoras. Para mí, el tradicional "Día del Señor" no es precisamente un día de descanso.

Por eso, hace años escogimos el viernes como el día en que nos dedicamos a no hacer nada. Es nuestro día elegido para descansar. Otros días podrían medirse por lo que logramos, pero el viernes es diferente. Es un día a la semana en que despertamos y anunciamos: "No hay nada que tengamos que hacer, ningún lugar a donde tengamos que ir". Es un día de "querer hacer algo" en vez de "tener que hacer algo".

Después de desayunar decidimos dónde iríamos a caminar. Nuestra elección habitual es un paseo por barrios históricos de Gran Rapids, terminando en una cafetería donde podemos escribir o leer. Pero hoy escogimos un sendero cerca de nuestra casa. Condujimos hasta allí y ascendimos por un camino lleno de hojas en el bosque. El otoño en el oeste de Michigan es magnífico, y los colores de hoy son brillantes. Chris se fija en cosas que yo no veo y llama mi atención a las hojas de arce de color rojo intenso.

Creemos que estas caminatas en el día de reposo reparan y restauran algo crucial en nuestras vidas. Nuestros tanques están secos. Escapar de reuniones agotadoras y de correos electrónicos a fin de caminar y disfrutar el mundo que nos rodea llena nuestros tanques vacíos.

LIBERTAD DEL TRABAJO DURO

Chris y yo encontramos liberador nuestro ritual de viernes. No nos imaginamos cumpliendo nuestro llamado con alegría y energía sostenidas sin observar estos días de reposo. Estas jornadas son una pausa del trabajo duro, impidiéndonos sentir todos los días como cualquier otro día.

Salir de la rutina durante veinticuatro horas provee una meta semanal. Cuando nos arrastramos por el peso de la vida y el trabajo, en lugar de mirar hacia delante y pensar: "Bueno, tendremos vacaciones dentro de algunos meses", sabemos que viene un descanso cada siete días. Un día para desenchufarnos y desconectar. Un viernes de reposo que ofrece ritmo y libertad vivificantes de la rutina diaria.

FUERA DE EGIPTO

Este ritmo encuentra su origen en el corazón de nuestro Creador. Cuando los israelitas salieron de la esclavitud en Egipto y se preparaban para entrar en la tierra de la promesa, recibieron instrucciones de dejar de trabajar un día por semana. Las instrucciones de Dios decían:

> Seis días trabajarás, y harás toda tu obra; mas el séptimo día es reposo a Jehová tu Dios; ninguna obra harás tú, ni tu hijo, ni tu hija, ni tu siervo, ni tu sierva, ni tu buey, ni tu asno, ni ningún animal tuyo, ni el extranjero que está dentro de tus puertas, para que descanse tu siervo y tu sierva como tú (Dt. 5:13-14).

¡Todos necesitan descansar! Chicos, siervos, inmigrantes... incluso el ganado. Todo el mundo necesita desconectarse una vez por semana y aflojar el control sobre la productividad. ¿Y cuál es la justificación para esta interrupción del logro? "Acuérdate que fuiste siervo en tierra de Egipto, y que Jehová tu Dios te sacó de allá con mano fuerte y brazo extendido" (v. 15).

Durante generaciones, los hijos de Israel fueron obligados a trabajar siete días a la semana, sin tener nunca un descanso de las exigencias de sus amos. ¿Una loca ironía? Somos propensos a hacer voluntariamente lo que a los israelitas les obligaban a hacer como esclavos. Nos encadenamos a nuestro trabajo.

Por tanto, una vez por semana corto las cadenas. Tomo un respiro de las demandas y la toma organizativa de decisiones, e intento simplemente disfrutar la bondad divina. Para mí, este es un día por semana en que no voy a tratar de arreglar el mundo. Desconectado de la tarea de producir, me encuentro más capaz de estar presente para amigos y familiares.

A LEVANTAR LOS BOLÍGRAFOS

El día de reposo no es mi recompensa por haber hecho todo mi trabajo. Es un descanso en medio del trabajo.

Si espero hasta que todas mis tareas estén concluidas, nunca descansaré, porque las obligaciones nunca terminan. Piensa en una prueba estandarizada como un examen de admisión, en que tienes cierto tiempo límite para cada segmento. Cuando el tiempo ha terminado, el facilitador exclama: "¡Levanten los bolígrafos!". Podrían faltarte seis preguntas por completar, pero acabaste… aunque no hayas terminado. De vez en cuando, llego a la noche del jueves y literalmente susurro: "¡Levanta el bolígrafo!". Tengo correos electrónicos sin contestar, un sermón de fin de semana por concluir, y varios proyectos a mitad de camino, ¡pero ya concluí! O al menos terminé por ahora. Levanto el bolígrafo.

Con los años, he obtenido algunas ideas acerca de la práctica del día de reposo. Hablaré de ellas en el próximo capítulo con la esperanza de que encuentres útiles mis reflexiones mientras planeas establecer un ritmo de día de reposo en tu propia vida.

Pero por ahora te reto a considerar que fuiste creado para algo más que tener logros. No eres la suma de lo que produces. Eres más que la cantidad de autos que vendes, las cargas de ropa limpia que doblas o la cuota de objetos que elaboras.

Nuestro misericordioso Señor mezcla trabajo y descanso, productividad y no productividad, en un equilibrio y ritmo vivificantes que encuentra su origen en el corazón de nuestro Creador.

MEDITACIÓN

Trabajo interrumpido por descanso. ¿Cómo podría ser ese ritmo para ti? A medida que empieces a contemplar la idea de practicar el día de reposo, escribe algunos pasos sencillos que puedes dar para alejarte de tus ocupaciones. ¿Cómo podría el reposo sabático traer más equilibrio a tu vida?

DÍA 9:

UN RITMO VIGORIZADOR

NO ME CONSIDERO UN EXPERTO EN REPOSO SABÁTICO. Tal como describí nuestro relajado día de reposo de octubre en el capítulo anterior, con su paso lento, desayuno hecho en casa y caminata en bosques de otoño, no quiero dar la impresión de que el reposo sabático llegó fácilmente para mí. Me tomó mucho tiempo (un año, quizás dos) descubrir cómo sería este día para nosotros.

Otros han comparado el proceso con el reto de aprender a tocar un nuevo instrumento musical. A menudo toma tiempo y experimentación aprender un ritmo vigorizador del día de reposo. No sucede repentinamente. Pasos pequeños, dados fielmente cada semana, agregan un patrón satisfactorio y restaurador de renovación semanal.

CAMBIO DE VELOCIDAD

Creo que gran parte de mi curva de aprendizaje tuvo que ver con el reto del cambio de velocidad.

Cuando vuelas por la autopista a más de ciento veinte kilómetros por hora y luego tomas la rampa de salida de un pueblo con un tramo de cuarenta kilómetros por hora en la calle principal, sientes como si estuvieras gateando. Entonces piensas: *¡Puedo caminar más rápido* *que esto!* De igual modo, practicar el día de reposo se sentirá extraño por un tiempo. Cuando corremos por la vida, tardamos un poco en acostumbrarnos a los cambios de velocidad.

Pero no te des por vencido si al principio te sientes incómodo y descoordinado. Podría tardar medio año de práctica empezar a entrar en un ritmo que sientas correcto. Practicas, fallas, mejoras, aprendes y creces. Sigue así, sabiendo que el ritmo de trabajo interrumpido por descanso fue diseñado por tu Creador para tu beneficio.

Al describir lo que me ha funcionado, no estoy prescribiendo cómo esto debería ser para ti. Tan solo estoy comunicando algunas ideas de mi propia experiencia. Te insto a explorar, experimentar y ver lo que funciona mejor para ti.

SUSPENSIÓN

El concepto del día de reposo es una suspensión de labores. Dejamos de hacer lo que nos ha mantenido muy ocupados los otros seis días. En esa descripción amplia, podrías descubrir docenas de maneras de desacelerar tu paso y disfrutar la bondad de Dios: escuchar música, pasear, disfrutar cenas con amigos, participar en adoración pública, leer, escribir, meditar, jugar juegos de mesa o armar rompecabezas solo araña la superficie. Conforme exploras el reposo sabático y pruebas varias actividades y no actividades, confío en que descubrirás ciertas prácticas que producirán descanso a tu alma y renovación a tu espíritu.

Ya que el día de reposo es una suspensión de labores, gran parte de mi costumbre de esta jornada puede describirse por lo que dejo de hacer. Chris y yo nos hemos puesto de acuerdo en evitar ciertas actividades en nuestros días de reposo. Puesto que nos desvían del descanso, las quitamos del medio durante este día. Repito, estas no son reglas del día de reposo que también deberías observar, sino solo una descripción de lo que hemos encontrado útil.

EVITAMOS OTRO TRABAJO

En nuestros viernes de reposo resistimos la tentación de reemplazar nuestro trabajo vocacional con otras formas de trabajo. Para nosotros, en el día de reposo no tenemos una "lista de cosas por hacer". Con frecuencia, las personas que observan un "día libre" tienden simplemente a intercambiar "listas de tareas pendientes". Se separan de un tipo de trabajo para unirse a otro. Ir de compras, hacer mantenimiento al auto, pagar cuentas, cortar el césped, ir a la peluquería, seleccionar alfombras y pintura de colores para renovar el hogar… la lista es interminable.

Idealmente, no despertamos el viernes por la mañana con una lista de cosas que debamos hacer. El día ideal corresponde al pensamiento: "Hoy no hay lugar al que tengamos que ir. Nada que debamos hacer".

Pero ¿cuándo corremos para lograr hacer todo? Tenemos otros seis días para realizarlo, y tratamos de hacer las cosas en esas otras jornadas. El día de reposo debe ser diferente a esos otros días. Es una jornada sin listas.

EVITAMOS CORRER POR AHÍ

A medida que llegamos a tomarle el gusto a nuestros viernes de reposo libres de cargas, el jueves por la noche comenzamos a anticipar lo que debe completarse. Si vamos a disfrutar nuestro día de descanso sin correr por ahí, debemos prepararnos. No quiero empezar nuestro día de reposo buscando la bomba de mi bicicleta para inflar cubiertas antes de un paseo tranquilo, luego tener que correr a la gasolinera porque el tanque de mi auto está casi vacío, después ir a un cajero automático calle abajo para sacar un poco de dinero. De repente, un día de descanso empieza con demasiada actividad, la cual en su mayoría se pudo haber previsto y hecho por anticipado.

Intentar la disciplina del día de reposo a menudo requiere planificar un poco por adelantado. Así que pregúntate: "¿Qué debo hacer hoy si voy a descansar mañana?". Luego imagina lo que puedes hacer de antemano para disfrutar a plenitud la experiencia del día de reposo.

La preparación podría incluir alistar la ropa de iglesia de los niños el sábado por la noche para que tu salida el domingo no incluya una búsqueda de zapatos perdidos. O revisar si en el refrigerador hay lo básico para que la "mañana relajada" del día siguiente no empiece con una carrera a la tienda. Tal vez antes de tiempo debas empacar en tu mochila tu equipo de caminar y preparar bocadillos, para que puedas emprender de inmediato tu aventura.

Tardé unos meses, pero poco a poco mejoré en planificar de antemano. No quiero que mi día de reposo empiece con "tengo que hacer esto" antes de poder disfrutar los "quiero hacer esto", así que planifico.

EVITAMOS IR DE COMPRAS

Por lo general, evitamos ir de compras en nuestro viernes de reposo. No me refiero a comprar café y un panecillo, o a vagar por una tienda de antigüedades. Estoy hablando de la adquisición intencional planeada, como ir a comprar un abrigo nuevo, una nueva parrilla o muebles nuevos.

He aquí mi razonamiento para esto. Tiendo a encontrar mi identidad en mi trabajo. Poner mi trabajo a un lado el día de reposo me recuerda que no soy la suma de mis logros. Disfruto la bondad de Dios sin tratar de validar mi existencia por medio del logro.

Pero cuando dejo de lado mi identidad como "triunfador", puedo buscar rápidamente otra forma errónea de identidad... a saber, "consumidor". Si mi identidad no se encuentra por lo que logro, quizás se consiga por lo que acumulo. Para mí, esta sería la tentación de reemplazar un ídolo por otro. Por eso he decidido no comprar intencionalmente en mi día de reposo.

Así que los viernes de descanso nos esforzamos por disfrutar lo que ya tenemos: libros, ropa y objetos a nuestra disposición. Es un día destinado a relajarnos en la bondad de Dios, no a sucumbir ante la ilusión de que otra compra llenará el espacio vacío en nosotros.

EVITAMOS CONVERSACIONES FINANCIERAS

TambiéntratamosdealejarnosdeGRANDESCONVERSACIONES FINANCIERAS; tú sabes, el tipo de charlas que puede llevar a discusiones. Lanzar un debate de presupuesto en medio de un pacífico paseo en auto o de una caminata en verano casi es garantía de una emboscada a la serenidad. Tenemos otros seis días para hablar de ahorros, ventas, compras e inversiones. En nuestros viernes de reposo tratamos de dar un respiro a eso.

EVITAMOS FANTASÍAS VACACIONALES

Otro tipo de actividad que nos esforzamos por evitar es la compra de oportunidades de vacaciones en línea. Ya sabes, me refiero a maquinar alguna escapada futura o leer revistas de viajes acerca de un complejo vacacional lejano.

Cuando estoy metido en la rutina diaria o simplemente agotado, puedo fantasear con escapar. ¿Ves aquí la triste ironía? ¡Es viernes! Todo un día dedicado a refrescar mi espíritu, y en vez de eso miro en una pantalla de computadora, soñando con refrescar mi espíritu. Me recuerdo: "¡Tengo *este* día para disfrutar! No sueñes con escapar,

Jeff. Solo sal a caminar y explorar. No pienses con ansias en alejarte de todo. Tienes el día de *hoy*. ¡*Estás* lejos de todo eso!". No pierdas el aquí y ahora soñando acerca del allí y entonces.

COMPROBACIÓN DE REALIDAD

A medida que he hablado de tomar un día de cada semana, podrías estar diciendo en protesta: "¡No hay manera de que yo pueda conseguir eso cada semana! La vida es demasiado compleja".

Con toda sinceridad, a Chris y a mí nos pasa eso la mitad del tiempo. Por rutina, nuestro día de reposo lo interrumpen bodas o ensayos de bodas, visitas a funerarias, actos de reconocimiento o compromisos ocasionales de charlas que resultan en viernes. En tales días tratamos de observar medio día, o incluso algunas horas, de tiempo libre.

Hace mucho tiempo abandonamos el ideal de perfección, comprendiendo que el resto del mundo no se detiene bruscamente porque decidamos estar ociosos. Practicamos de manera imperfecta el día de reposo. Nos concedemos gracia. Luchamos por tener días totalmente ininterrumpidos y los disfrutamos inmensamente cuando se nos presentan.

En esos días en que nuestro día de reposo está comprometido por una obligación o un evento, tratamos de enfocar tales responsabilidades en forma relajada, intentando mantener el espíritu de nuestro día de reposo.

A menudo evitamos la autopista, tomando rutas alternas a nuestro destino o deteniéndonos en el camino para descubrir un nuevo café o una nueva cafetería. De esta manera logramos mantener un paso más lento incluso cuando los acontecimientos invaden un día completo de descanso.

Creo que aprender a encontrar descanso un día a la semana me guía a encontrar descanso los otros seis días. Todos los días mi Señor susurra: "Venid a mí todos los que estáis trabajados y cargados, y yo os haré descansar" (Mt. 11:28). Nuestro día de reposo nos recuerda que somos más de lo que logramos o producimos. Y esta realidad debe derramarse en los otros seis días de la semana.

A veces, cuando alguien sabe que he servido en la misma iglesia durante más de treinta años y descubre que aún afronto el ministerio con pasión y energía, me pregunta: "¿Cómo lo haces?". La respuesta completa es variada y compleja, pero me parece que siempre menciono nuestros viernes de reposo. Creo que esa costumbre de desenchufarnos una vez por semana es vital. No me imagino seguir adelante sin ese día.

El día de reposo me ayuda a reponerme. Me da poder para servir con más alegría y paz. Cuidar mi mundo privado estimula longevidad apasionada en mi mundo público. Cuando desaceleras el paso para disfrutar la bondad de Dios y respirar su creación, descubres un ritmo sabático vivificante... un ritmo de trabajo marcado por el descanso que te ayuda a seguir en el viaje.

MEDITACIÓN

A medida que consideres cómo ordenar tu día de reposo y encontrar equilibrio en el ritmo de trabajo y descanso, escribe respuestas a las cinco preguntas siguientes:

1. ¿Tienes un día designado de reposo?

____

2. ¿Qué actividades (o no actividades) aquietan tu espíritu y atraen tu corazón hacia el reposo?

____

____

____

3. ¿Qué barreras u obstáculos te impiden observar "días sin hacer nada"?

___

___

___

4. ¿Qué tipo de preparación anticipada podría hacer más relajante tu día de reposo?

___

___

___

5. Si nunca has experimentado con esta práctica de vida, ¿cuándo puedes comenzar?

___

___

___

DÍA 10:

RECUPERACIÓN

LA PRIMERA EMOCIÓN QUE EXPERIMENTO ES PROFUNDA tristeza condimentada con ligera depresión. Parece muy malo sentirse así. Aquí estoy..., solo en la cabaña de un amigo, disfrutando la belleza del pacífico lago... un respiro de la oficina, las citas y la toma de decisiones. He logrado tres días completos de soledad para hacer que mi alma descanse, dormir hasta tarde, leer y escribir. El ambiente es idílico y mi corazón está sereno por primera vez en... ¿cuánto tiempo? Entonces al segundo día, en el momento justo, aparece la tristeza en la puerta, invadiendo mi tranquilo retiro.

He aprendido a anticipar la llegada de este huésped inesperado. Mi teoría es que cuando conduces a ciento cincuenta kilómetros por hora estás muy por delante del dolor. Pero si te detienes en un área de servicio, la desilusión te alcanza y se estaciona a tu lado. Desilusiones con otros. Desilusión en cuanto a ti. Desilusiones de otros sobre ti. Personas por las que te preocupas y que se alejan de tu vida. Tristeza por expectativas no satisfechas. Y fatiga. A veces no te das cuenta de lo cansado que estás hasta que dejas de actuar.

Estas visitas melancólicas anuncian el grito del corazón por recuperarse. Después de acontecimientos importantes o de una sarta interminable de retos demandantes, el alma suplica reparación.

No debería sorprendernos que una desilusión emocional nos espere después de entregarnos a una temporada demandante.

EL DESVANECIMIENTO DEL MINISTRO

Hace más de cien años, el famoso pastor de Londres, Carlos Spurgeon, abordó este tema al dirigirse a estudiantes que se preparaban para el ministerio. En su conferencia "El desvanecimiento del ministro", Carlos advirtió a sus estudiantes acerca del desánimo y la depresión que rutinariamente visitan a aquellos siervos fieles que se entregan a servir a otros.

> Cuando emprendemos con seriedad nuestro trabajo, nos encontramos en camino a la depresión… ¡Cuántas veces en las noches del día del Señor sentimos como si la vida se nos vaciara por completo de nosotros! Después de derramar nuestras almas sobre nuestras congregaciones, nos sentimos como jarras de barro vacías que un niño podría romper.[7]

Estoy seguro de que ciertos pastores que leen las palabras de Spurgeon pueden identificarse con la descripción que él hace de las noches de domingo: se sienten débiles, vacíos y frágiles. Pero la sensación de estar completamente agotados no es exclusiva de quienes tenemos responsabilidades semanales de predicar. Este agotamiento lo experimentan trabajadores de socorro que sirven tras un desastre natural, o enfermeras que prestan atención en situaciones de crisis. La fatiga es la realidad común del personal de campamento casi al final de un verano muy atareado, junto con trabajadores sociales

7. Charles H. Spurgeon, *Lectures to My Students* (Peabody, MA: Hendrickson Publishers, 2010), p. 170. Publicado en español por Editorial Peregrino con el título *Discursos a mis estudiantes*.

vaciados por la "fatiga de la compasión", y padres de gemelos de ocho semanas de edad que han sido privados del sueño por cuidar de sus hijos. Esta es la consecuencia esperada de entregarse una vez tras otra, y otra, y otra.

Quienes nos vaciamos en favor de otros debemos aprender a anticipar el agotamiento. Saber que este viene. Esperarlo. No te sorprendas cuando después de entregarte llegues a sentirte vacío y extenuado. Mi amigo, esto viene, por lo cual es buena idea decidir qué vas a hacer al respecto antes de que te sientas así.

DESPUÉS DE LA MARATÓN

Una historia personal sobre recuperación de la carrera ilustra la importancia de reparar nuestras vidas después de un tiempo de agotamiento emocional.

Ocurrió el día antes de la maratón. Fui al estand de los corredores para recoger mi número de corredor, la camiseta conmemorativa y diversos artículos que los organizadores colocan en los paquetes de la carrera. Entre estos artículos había un pequeño folleto que contenía una sección titulada "Después de la maratón", el cual indicaba qué hacer inmediatamente después de cruzar la meta de la carrera de más de 42 kilómetros.

Al haber completado maratones anteriores, sabía bien que yo no *quería* seguir las recomendaciones del folleto. Debía hacer lo que allí se sugería, pero al tener experiencia previa con el extraño cóctel de fatiga y euforia posterior a la carrera, supe que no desearía hacer lo que se recomendaba. Así que debía comprometerme a hacerlo antes de iniciar la carrera.

Lo que es saludable y curativo no siempre es lo que nos atrae cuando estamos agotados.

Con los años, he encontrado listas similares de aquellas prácticas que aceleran la recuperación después de una maratón. Incluyen consumir bebidas energizantes deportivas. Bueno, si has estado bebiendo intermitentemente estos productos más de 42 kilómetros, es lo último que deseas ingerir. Además, ¡no sientes sed! También te recomiendan comer algo de inmediato, preferiblemente algo que contenga proteína. Tal vez no sientas hambre o pienses que puedes aguantar sin comer, pero se supone que debes comer de todos modos, aunque no sientas hacerlo.

Muy sinceramente, quieres desplomarte por un rato, pero en vez de eso se supone que debes quitarte la ropa empapada y ponerte algo seco. Esto es más complicado de lo que podría parecer, porque los músculos de tus piernas podrían estar tan tensos que es un reto simplemente alcanzar tus zapatos y quitártelos. Y esa tensión es otra cosa... debes estirarte. Entonces, poco después de la maratón, debes (increíblemente) caminar o correr. Tener las piernas en movimiento.

Ah, y luego está lo que *no* debes hacer. No te des una ducha caliente. No recuerdo la ciencia exacta detrás del concepto, pero tus músculos necesitan una inmersión en agua fría o un baño helado y no una ducha caliente. ¿De veras? Una vez más, esto no es algo que quieras hacer en dicho momento. Pero es otra práctica que restaura tu cuerpo.

Por eso, en varias ocasiones después de cojear a través de una meta particular cerca del lago Michigan, de inmediato he ido a la línea de refrescos después de la carrera para agarrar un banano, un panecillo y una botella de la temida bebida deportiva. Me he metido en el lago frío y me he zambullido, permitiendo que el agua gélida calme mis piernas. Luego me he cambiado la ropa y he caminado unos tres kilómetros alrededor de la ciudad, preferiblemente disfrutando una hamburguesa en alguna parte del camino.

Esto es lo que hago cuando me interesa recuperarme lo más pronto posible. Pero lo que en realidad quiero hacer es evitar comer o beber alguna cosa, tumbarme por un rato, darme una ducha caliente y luego dormir una siesta. La diferencia en estos dos enfoques afecta drásticamente la movilidad que tendré al día siguiente. La diferencia en el tiempo de recuperación es enorme. Por tanto, hablemos de recuperación. No de carreras de la extensión de una maratón, sino de las exigencias de nuestras vidas diarias y de temporadas agotadoras.

TARDES DE DOMINGO

Aunque la fatiga nos afecta de forma distinta dependiendo de nuestra profesión y constitución individual, personalmente me identifico con lo que Carlos Spurgeon divulgó a sus estudiantes sobre las noches de domingo. "Nos sentimos como si la vida se nos vaciara por completo".

A menudo, los domingos por la tarde estoy agotado por el fin de semana con todas sus interacciones personales, y por predicar en tres reuniones. En general me siento exhausto emocional, mental y psicológicamente. Sin embargo, como en la lista después de la maratón, algunas cosas pueden restaurarme, pero no necesariamente son cosas que deseo hacer.

Menciono mi propio proceso de recuperación con la esperanza de que puedas aplicar algo aquí, aunque tu llamado y tus retos sean muy distintos de los míos.

Después del agotamiento del fin de semana, siento hambre. Me podría comer media pizza grande y seguir sintiéndome insatisfecho. Confío en que esto tenga que ver más con hambre emocional que con mi necesidad de comida. Si lo permito, puedo holgazanear en el sofá en estado vegetativo, cambiando canales durante horas. Si no encuentro una gran película, puedo alternar entre tres o cuatro programas mediocres. Extrañamente, siento que "merezco" este "tiempo de inactividad". No obstante, el problema es que estas prácticas no son particularmente restauradoras. Estoy bastante seguro de que comer en exceso y estar por horas frente al televisor hacen poco por restaurar mi energía y vitalidad para la semana siguiente.

Por suerte, he descubierto una rutina más sana los domingos por la tarde. A menudo involucra una pequeña comida seguida de una siesta corta. Luego Chris y yo salimos habitualmente a caminar o a pasear en bicicleta. Nada agotador. Solo salir y tener nuestros cuerpos en movimiento. Al regresar de la caminata o del paseo en bicicleta me siento "más completo". Vuelvo a casa con mucha más energía y deseos de relacionarme con otros más plenamente. Recuerda que el cuidado personal no es egoísmo. Tienes que cuidar de ti mismo para que puedas cuidar de otros.

Debes saber que cuando estás vacío, tu corazón está hambriento. Cuando estás agotado, la tentación es llenarte con *cualquier cosa.* Sospecho que muchos de nosotros somos atraídos a comer en exceso, a comprar de modo excesivo en línea, a pasar horas sin sentido en redes sociales, o a ver pornografía en esas horas solitarias. Esto llena por un momento el espacio vacío, pero en última instancia nos roba más de lo que podemos imaginar.

Por eso, decide qué hacer *antes* de llegar a este punto. Tal como al cruzar la meta de una maratón, determina por anticipado qué prácticas restauradoras acelerarán tu recuperación.

A veces la recuperación involucra inactividad. En ocasiones implica actividad. Debes discernir qué acontecimientos y prácticas te restauran auténticamente. Por el contrario, cuidado con esas actividades que consumen grandes cantidades de tiempo sin volver a llenar tu tanque. Estoy pensando en las horas pasadas viendo televisión poco inspiradora, navegando sin propósito por la Internet toda la noche, o participando en videojuegos en las primeras horas de la mañana. Algunas de estas actividades no son restauradoras, y debemos evitarlas. Consumen una enorme cantidad de tiempo y no llenan un tanque vacío.

Descubre qué significan para ti estas pérdidas de tiempo, y niégate a quemar tu vida en ellas.

MIRA ADELANTE

No intentes averiguar esto cuando estés agotado. Discierne por adelantado qué prácticas te restauran.

- Caminar por un sendero natural.
- Disfrutar una película clásica.
- Sentarte junto a una fogata o chimenea.
- Dormir una siesta, si es posible en una hamaca.
- Hojear un álbum de fotos familiares.
- Montarte en una bicicleta o en un bote.
- Leer por placer.

Piensa en cosas que llenen *tu* espíritu. Me refresca profundamente sentarme junto a un fuego nocturno.

Debes saber que cuando estás realmente agotado, tal vez no quieras hacer nada de esto. Tendrás que decirte: "Esto es saludable. Esto me llena. Esto me restaura". Luego ve y hazlo. Otras personas cuentan con tu energía y vitalidad. Es hora de cuidar de ti y acelerar tu proceso de recuperación.

Ruego porque nuestro Señor misericordioso restaure *tu* alma. A medida que te entregas a otros, podrías descubrir esas prácticas que aportan vida y energía a tu propio corazón. Ojalá vivas, ames y dirijas con un corazón totalmente vivo.

MEDITACIÓN

En Salmos 23:3 el rey David escribió estas hermosas letras: "Él renueva mis fuerzas" (NTV). Al concluir la Semana Dos, haz dos breves listas mientras viajas por la senda de restaurar tu alma.

1. Enumera algunas actividades que tal vez puedan llenar tu tanque.

___

___

___

___

2. Enumera algunas actividades que tienden a ser desperdicios de tiempo no restauradores.

___

___

___

___

SEMANA TRES:

UN CORAZÓN SANO

BUENOS ÁRBOLES, BUEN FRUTO

En nuestra región crecen manzanos. Cuando nuestros hijos eran pequeños, cada otoño incluía un peregrinaje a un huerto local, donde se prensaba un delicioso jugo de la fruta recién cosechada.

Buenos árboles. Buen fruto.

Jesús utilizó esta imagen cuando pronunció: "Cada árbol se conoce por su fruto" (Lc. 6:44). Él estaba aludiendo a la condición del corazón. Un corazón bueno produce bendición, mientras que un corazón malo produce ruina.

El consejo de nuestro Señor es: Si deseas llevar una vida que bendiga y enriquezca a otros, debes poner atención a la condición de tu corazón. Por eso, en la Semana Tres hablamos de la salud de tu corazón y de cómo esta cambia las cosas.

DÍA 11:

MOMENTOS DESTACADOS

ME ENCANTAN LOS MOMENTOS DESTACADOS QUE SE muestran en *SportsCenter*. De una ronda completa de golf se elige un golpe magnífico: la pelota se eleva y aterriza en el *green*; el efecto la lleva a centímetros del hoyo, los espectadores estallan en aplausos enérgicos. Los momentos destacados nos aceleran hasta la atrapada con la punta de los dedos en la esquina de la última zona, el salto perfectamente sincronizado del jardinero para robarse un jonrón, o la clavada del monstruo en la final de la NBA. La belleza del momento destacado es que corta el tedio, acelerándonos a un instante singular de asombro.

Pero he aquí lo que, por lo general, no conforma momentos destacados. Una carrera hasta el centro del campo. Un pase preciso que lleva a una encestada rutinaria. Una jugada bien ejecutada para ganar cinco yardas. No nos asombra lo común.

Algo más no se nos muestra en momentos destacados de *SportsCenter*: el trabajo disciplinado requerido para hacer que tales jugadas rutinarias parezcan, bueno, rutinarias. Estiramientos. Vueltas. Horas pasadas en la sala de pesas o practicando tiros libres en un gimnasio, sin alegres hinchas ni aplausos. Nos gustan los momentos destacados, pero estos son comprensiblemente aburridos debido a la silenciosa diligencia que los hace posible. Este es uno de los retos del poder de la hormiga del que hablamos en el Día 2. Aunque los resultados de la disciplina fiel pueden ser impresionantes, la verdadera tarea se siente (y se ve) rutinaria, repetitiva y aburrida.

ACCIONES HEROICAS EN LA BIBLIA

Esta tendencia de saltar directamente a las tomas de acción también se aplica cuando abrimos nuestra Biblia. Nos atraen esos momentos dinámicos en que líderes valerosos se desempeñan heroicamente. El joven David, provisto solo de una honda y cinco piedras, se enfrenta al guerrero Goliat. Desde el monte Carmelo, Elías desafía a un pueblo rebelde, orando literalmente que caiga fuego del cielo. El profeta Daniel, por no darle la espalda a su Dios, enfrenta un foso de leones.

En estas historias monumentales, los fieles muestran su lealtad en altercados culminantes. Imágenes de estos enfrentamientos llenaron las páginas de mis lecciones de escuela dominical cuando yo era niño y formaron mis primeras impresiones de lo que significa seguir a Dios.

Pero profundicemos. Estos acontecimientos centrales, por lo general, ocurren dentro de una corriente lenta, constante y relativamente sin incidentes de vida fiel. David cuidaba tranquilamente el rebaño de ovejas de la familia antes de enfrentarse a Goliat. El enfrentamiento de Elías con los profetas de Baal ocurre después de dos años pasados en reclusión, e inmediatamente antes de un colapso agotador. ¿Y la famosa historia de Daniel y el foso de los leones? Eso sucede casi al final de su viaje, la cima de una vida de integridad edificada sobre un cimiento de persistente oración diaria.

Me ha llevado mucho tiempo comprender que estos sucesos culminantes y heroicos que forman los momentos bíblicos destacados están rodeados de largos períodos de fidelidad simple y nada espectacular. Los momentos extraordinarios surgen de la fidelidad común y corriente.

EL TRANQUILO JESÚS

Incluso el ministerio de Jesús tuvo sus momentos tranquilos y nada asombrosos. Cuando lees los Evangelios (Mateo, Marcos, Lucas y Juan), observas lo que Jesús está haciendo *entre* sus prodigiosos milagros. Es fácil pasar por alto y perder estos momentos tranquilos.

Noté esto al leer hace poco la vida de Jesús. Comencé a recorrer su historia en busca de normalidad. Busqué momentos rutinarios, fieles y comunes de ministerio. Estaban por todas partes.

Observé que los asombrosos hechos en el ministerio de Jesús, los momentos destacados, ocurrieron cuando Él participaba en una rutina comparativamente sin incidentes. Muchas de las curaciones y conversaciones memorables tuvieron lugar mientras realizaba obras comunes y corrientes, como enseñar fielmente u orar o cenar en la casa de alguien. Esto vino como una visión nueva porque tiendo a ver a Jesús saltando de un milagro a otro. Lo que gané fue un nuevo aprecio por lo común. Los momentos de poder profundo de Jesús se desataron en medio de la fidelidad cotidiana.

En una historia a la que regresaremos en el Día 15, vemos a Jesús enseñando en la sinagoga en Capernaúm. Mientras enseña, su sermón es interrumpido por los gritos de un hombre asolado por una influencia demoníaca. Impresionando a la congregación, Jesús libera al individuo de su funesta opresión. ¿El escenario para este suceso paranormal? Jesús está en la tarea muy normal de enseñar en una reunión de sinagoga en el día de reposo.

Poco tiempo después, mientras Jesús enseña en una casa, cuatro hombres hacen un agujero en el techo y bajan a su amigo paralizado hasta Jesús. La historia es extraordinaria. Los amigos muestran iniciativa, alguien queda con el techo desmantelado, y el individuo que es transportado hasta puede saltar. Pero observa el escenario de esta fascinante historia. Jesús está enseñando en una casa. El extraordinario milagro ocurre mientras Él cumple fielmente con su responsabilidad común.

¿Y qué tal la famosa historia de Pedro remando obedientemente en el lago después de una noche en vela de pesca infructuosa? Su barca está saturada con una pesca espectacular. ¡Milagroso! ¿Y antes del milagro? Sentado en la barca de Pedro, Jesús enseña a la multitud que escucha desde la orilla.

No pases por alto las partes rutinarias, en las que Jesús cumple sus obligaciones en obediencia fiel a su Padre. Toma tiempo para absorber los ratos comunes y corrientes que no son los que conforman momentos destacados.

Observa a Jesús orar. Las frases siguientes son inicios de historias que nos llevan al compromiso de períodos aislados de oración que el Señor observaba.

> Aconteció que mientras *Jesús oraba aparte*, estaban con él los discípulos (Lc. 9:18).

> Cerca de ocho días después, Jesús llevó a Pedro, a Juan y a Santiago a una montaña *para orar* (Lc. 9:28, NTV).

> Aconteció que *estaba Jesús orando* en un lugar (Lc. 11:1).

Estas tres líneas ilustran la costumbre de Jesús de apartarse del ruido de los gentíos para hablar con su Padre. Hacía esto una y otra vez. No exactamente material de momentos destacados. Ah, pero los tres acontecimientos que resultan de estos instantes de quietud son monumentales: La gran confesión de Pedro: "Tú eres el Cristo, el Hijo del Dios viviente" (Mt. 16:16); la transfiguración; y la entrega que Jesús nos hizo del Padrenuestro.

Los momentos espectaculares surgen en escenarios de fidelidad común y repetida. Encuentro tranquilizador esto, porque gran parte de la vida fiel no es muy emocionante.

Nos levantamos y vamos a trabajar. Enviamos a nuestros hijos a la escuela. Cuidamos de un padre anciano. Animamos a compañeros de trabajo y servimos a clientes. Estamos en la junta de la iglesia o limpiando el edificio de la iglesia. Oramos por los enfermos y desanimados. Dictamos fielmente una clase de escuela dominical o dirigimos un estudio bíblico. Esto probablemente no crea momentos destacados. Sin embargo, estos pequeños actos de fidelidad repetida una y otra vez son importantes. Cuentan. Son un legado de vida fiel.

A veces, en un tiempo de fidelidad, el poder de Dios se abre paso en maneras extraordinarias. Gigantes se desploman, fuego cae y bocas de leones se cierran. Pecados son perdonados, hábitos destructivos se acaban y familias separadas se restauran.

En los próximos tres días exploraremos el valor de usar un diario para encontrarnos cada día con Dios. Sentarnos con un cuaderno abierto e invitar a Dios a entrar en nuestro día no parece material exacto para momentos destacados, pero puede ser una herramienta poderosa en cultivar y mantener un corazón sano.

Te reto a permanecer fiel en lo pequeño y confiar en que Dios obra milagros en medio de lo rutinario. Haz ejercicios de estiramiento. Corre tus vueltas. Practica tus lanzamientos libres. Confía en que Dios provee los momentos destacados.

MEDITACIÓN

¿Cuáles son algunas de las tareas que haces tranquila y diligentemente que no conformarían momentos destacados? Escríbelas aquí y confía en que Jesús celebra cada una de tus acciones fieles.

DÍA 12:

DIÁLOGO CON TU ALMA

EJERCICIOS DE ESTIRAMIENTO. VUELTAS. LANZAMIENTOS libres. La actividad común que hace posible un momento destacado. En los tres días siguientes exploraremos un ejercicio del cual he llegado a depender para mantener un corazón sano: la costumbre silenciosa de escribir un diario.

Llevo fielmente un diario. No todos los días, pero sí varias veces a la semana. No practico la disciplina de llevar un diario porque la disfrute, sino porque oro mal si no lo llevo.

Los héroes de la oración intercesora pueden descubrir que cuando se comunican con el Padre el tiempo vuela, pues con flujo y enfoque ininterrumpidos expresan acción de gracias y peticiones durante períodos prolongados. Si eso te describe, lo que voy a decir podría parecer extraño o simplemente erróneo.

La verdad es que tengo problemas en concentrarme cuando oro. A menudo, sin la ayuda de bolígrafo y papel, mis oraciones pierden su enfoque. Mi mente puede distraerse aunque esté conversando con alguien y mirándolo a los ojos. Es peor cuando hablo con Alguien a quien no puedo ver (que es precisamente lo que es la oración). Empiezo orando por algo, entonces pienso en alguien más, después envío a ese alguien un mensaje de texto. O hago una anotación en mi lista de cosas pendientes. O me sirvo una taza de café. O pongo panqueques congelados en la tostadora. Y de pronto estoy pensando: *¡Un momento! ¿Dije amén?*

Por eso es que llevo un diario.

Llevar un diario me permite centrar mis pensamientos sueltos y mi mente errante en frases articuladas y coherentes. En los días en que escribo en mi diario, al detallar elementos de mi vida por los que estoy profundamente agradecido, me aquieto en la mañana para agradecer a mi Señor. Escribo sobre la belleza del día (nieve que cae, lluvia placentera u hojas que cambian de color), dando gracias a mi Creador por la gloria que me rodea. A veces garabateo oraciones urgentes, pidiendo la llenura y la gracia de Dios en los conflictos, retos y decisiones que enfrento. Además he adquirido el hábito de agregar cada día una o dos líneas que simplemente recuerdan quién soy. Esta es la forma en que le hablo a Dios. También es el modo en que registro lo que oigo de Dios.

Llevar fielmente un diario desarrolla el fundamento de mi vida: la parte que yace bajo la superficie. Nadie ve la parte crucial. Escribir en mi diario es una manera en que edifico mi vida privada para que mi vida pública pueda soportar las tormentas, las tensiones y las presiones que vienen a mi camino.

Así lo expresó Gordon MacDonald: "Un diario es un diálogo con mi alma".[8] A través de mi diario mantengo un registro de mis altibajos, mis logros y fracasos, mis frustraciones, ideas y desilusiones. Llevo un diario porque es bueno para mi corazón.

Podrías estar pensando: "Pero Jeff, no soy escritor. Si me siento con un bolígrafo y papel, no sabría qué escribir".

Comprendo. La idea de involucrarse en oración de cualquier tipo puede dejar a una persona sintiéndose abrumada o no calificada. Aunque no sé lo que funcionará para ti, quiero compartir contigo, aquí y en los próximos dos capítulos, tres prácticas que han sido de mucha utilidad en mi viaje diario.

---

8. Gordon MacDonald, *Building Below the Waterline: Shoring Up the Foundations of Leadership* (Peabody MA: Hendrickson Publishers, 2011), p. 40.

PRÁCTICA 1: LLENURA

Diariamente me instalo en una silla en un rincón tranquilo, abro mi diario y me hago esta sencilla pregunta: "Jeff, ¿cómo está tu corazón?".

Muchos días descubro que mi corazón está en paz, lleno de gratitud, gozo y esperanza. Otros días detecto ansiedad latente, resentimiento reprimido o un trasfondo de ira. Deseo tratar bien a la gente, pero si descubro lados sombríos entrecruzando mi espíritu, quiero enderezar mi corazón antes de empezar mi día para no imponerme sobre quienes tienen la desgracia de encontrarse conmigo. Necesito con desesperación a Jesús, y reflexionar en la condición de mi corazón es un primer paso necesario.

El sabio rey Salomón escribió este proverbio dando prioridad a la protección del corazón: "Sobre toda cosa guardada, guarda tu corazón; porque de él mana la vida" (Pr. 4:23).

Reflexiona por un momento en esa declaración. Todo lo que haces (toda respuesta, toda reacción, toda decisión) fluye de un corazón sano o pervertido.

Oye la claridad con que Jesús habló sobre el corazón mientras se dirigía a multitudes curiosas en Galilea: "El hombre bueno, del buen tesoro de su corazón saca lo bueno; y el hombre malo, del mal tesoro de su corazón saca lo malo; porque de la abundancia del corazón habla la boca" (Lc. 6:45).

Hablamos desde el corazón. Puede que hayas oído describir que alguien "tiene el corazón en las manos". En realidad, todos tenemos nuestros corazones en nuestros *labios*. Si me lanzo a mi día con palabras de resentimiento, ansiedad, impaciencia o ira, puedo estar seguro de algo: No solo tengo un "problema de palabra" sino un "problema de corazón".

Debo hablar de esto con Dios.

Aunque la costumbre tal vez no se arraigue fácilmente, todos podemos beneficiarnos de llevar un diario de forma regular para controlar sinceramente la condición de nuestros corazones. Escribir simplemente las palabras "¿Cómo está mi corazón hoy?" al principio de la página, y dejar que nuestras ideas fluyan, puede ser un paso enorme en invitar a Dios a nuestro día.

Cuando escribo en mi diario, encuentro útil preguntar: "¿Quién o qué está atribulándome? ¿A qué le estoy temiendo? ¿Estoy ansioso por una cita, una conversación o una decisión? ¿Estoy molesto con alguien o con una situación que temo?".

Al examinar la condición de mi corazón, me hago consciente de mi necesidad diaria de llenarme de Dios. Necesito desesperadamente a mi Señor si he de abordar situaciones con bondad, valor y sabiduría. No oro solo porque quiera orar; también oro debido a mi tendencia a ser impaciente, ansioso y mezquino, y porque necesito con desesperación la provisión de Dios en mi vida.

Pido a Dios que se encuentre conmigo en este espacio intranquilo y provea los recursos que necesito a fin de entrar a mi día con un espíritu libre para servir. Creo que nuestro Señor se complace en proveer lo que necesitamos cuando nos humillamos y pedimos su fortaleza.

A menudo reviso las características enumeradas en Gálatas 5:22-23, donde Pablo describe el fruto del Espíritu. Las nombro una por una: Amor. Gozo. Paz. Paciencia. Benignidad. Bondad. Fe. Mansedumbre. Templanza.

Este no es "el fruto de Jeff", sino el fruto del Espíritu de Dios. Es la cosecha que Dios desea que mi vida produzca cuando humildemente le permito actuar. Esto requiere la conciencia de que estoy perdido sin su obra diaria en mi corazón, y de que estoy en continua necesidad. Con mi diario abierto y bolígrafo en mano, le pido al Señor que proporcione generosamente todo lo que necesito para amar y servir a las personas como corresponde.

Dios anhela darte lo que nunca podrías conseguir por tu cuenta. Él quiere llenarte y fortalecerte con su Espíritu.

¿Cómo cambiaría tu día si le pidieras al Espíritu Santo que te conceda una medida de dulzura cuando tu paciencia está acabándose, o una medida de paz para reemplazar tu ansiedad desbocada? ¿Qué tal si le suplicas a Dios que te dé la habilidad de amar a alguien que has encontrado particularmente molesto, o que te conceda alegría en medio de un desastre?

No sé qué prácticas específicas te prepararán mejor para moverte con gracia en tu día, pero he descubierto que este hábito particular me permite vivir y servir con un espíritu más alegre y compasivo. La costumbre de pedir a diario que Dios me llene redirige mi corazón, exponiendo y corrigiendo patrones adversos que podrían resultar letales si no se alteran.

Sin embargo, ten presente algo. Nada de esto es una solución rápida para una vida poderosa. Son pasos pequeños y fieles que se van añadiendo con el tiempo. Incluso en oración y con un diario, vale la pena comenzar por lo pequeño.

MEDITACIÓN

Responde la pregunta: "¿Cómo está tu corazón?". ¿Dónde necesitas hoy la llenura de Dios en tu vida?

____

____

____

DÍA 13:

EL PODER DE UN CORAZÓN AGRADECIDO

ESTOY AGRADECIDO HOY.

Estoy agradecido por los filetes y los espárragos que asamos anoche en nuestro patio y por las cálidas temperaturas de mayo en las que disfrutamos nuestra comida al aire libre. Estoy agradecido porque el color verde domina el paisaje, desplazando los colores monótonos de nuestro largo invierno en Michigan. Estoy agradecido por mi bicicleta, las risas y la compañía de los hombres con quienes monto los jueves por la noche. Y estoy agradecido hoy por la buena noticia que recibimos de que un amado miembro de la familia, hospitalizado durante mucho tiempo, ha mejorado lo suficiente para volver pronto a casa.

Hoy le agradezco a Dios, expresando gratitud por estos regalos y otros demasiado numerosos para relatarlos.

Expresar agradecimiento puede parecer insignificante. Pero la persona en quien estás convirtiéndote se determina en gran manera por la repetición diaria. La práctica de agradecer cultiva el corazón un día tras otro. Con gratitud, vale la pena comenzar por lo pequeño.

¿De qué estás agradecido hoy? Toma un momento para pensar al respecto. ¿Una amistad? ¿Un familiar? ¿Una comida deliciosa? ¿Pájaros fuera de tu ventana? ¿Un auto que arranca constantemente? ¿Por qué estás agradecido?

PRÁCTICA 2: GRATITUD

Utilizo mi diario para expresar gratitud a Dios. Comencé esta costumbre porque tengo una existencia realmente bendecida y no quiero apresurarme de un día al otro, ajeno a los regalos que bombardean mi vida. Deseo profundamente convertirme en alguien caracterizado por la gratitud. No quiero dar por sentados los regalos de Dios, así que cada día anoto tres cosas por las que estoy agradecido. Ejercitar gratitud despierta mi corazón a la bondad que me rodea.

La mayoría de cosas que escribo son placeres sencillos de la vida que pueden pasar fácilmente sin ser detectados. Huevos revueltos. Calefacción en nuestra casa. Postre con amigos. La alegría de estar con mis hijos adultos. Tiempo preciado jugando con un nieto.

Intento ser específico, y no enumerar "refugio, ropa y comida", sino gratitud precisa por mis sandalias Chaco, los macarrones con queso que disfrutamos anoche en la cena o la libertad de una agenda que nos permite conducir hasta Chicago para visitar a nuestra hija Sarah y su esposo Matt.

Trato de no repetir lo mismo en mi ejercicio de gratitud sino de identificar nuevas bendiciones que han escapado a mi atención. Fácilmente podría quedar atascado vez tras vez en las mismas cosas, así que reviso mi vida para identificar nuevas expresiones de la bondad de Dios.

Además sé esto: Si no puedo identificar tres cosas por las que estoy agradecido, es posible que me haya insensibilizado o enceguecido a la bondad de Dios.

ANSIEDAD Y GRATITUD

Algunas épocas de la vida nos hacen sentir abatidos. En esos tiempos, la gratitud a Dios nos ayuda a sobrevivir. Cuando estamos sumidos en el dolor o pasando por una enfermedad debilitante, el poder de la gratitud puede levantar nuestra alma y despertarnos a la bondad divina que cae como lluvia a nuestro alrededor. Esta puede ser una herramienta poderosa para encontrar gozo en tiempo de sufrimiento.

El fundamento firme de la gratitud puede estabilizarnos en medio de la tormenta, manteniéndonos cimentados al conocimiento de la misericordiosa provisión de Dios.

Ansiedad. Preocupación. Temor. Ladrones que nos roban el gozo y la paz. La ansiedad por el mañana puede robarnos el gozo de hoy.

El apóstol Pablo brindó este ánimo a los cristianos del norte de Grecia:

> Por nada estéis afanosos, sino sean conocidas vuestras peticiones delante de Dios en toda oración y ruego, con acción de gracias. Y la paz de Dios, que sobrepasa todo entendimiento, guardará vuestros corazones y vuestros pensamientos en Cristo Jesús (Fil. 4:6-7).

Me siento consolado y retado cuando recuerdo que estas palabras fueron escritas por un preso. La carta a los Filipenses es una "epístola desde la prisión", una carta escrita por Pablo mientras estaba encarcelado, muy probablemente en Roma. Encadenado a un guardia romano y frente a un futuro incierto, escribió: "Por nada estéis afanosos".

El apóstol nos anima a no derrumbarnos ante una vida de afán sofocante. Más bien, debemos llevar nuestras peticiones delante de Dios, cuya paz protegerá nuestras vidas, reemplazando así la preocupación que nos mantiene como rehenes.

Centrémonos en cuatro palabras que a menudo pasamos por alto en este hermoso pasaje: "Con acción de gracias".

Nuestras peticiones urgentes deben estar acompañadas por ofrendas de gratitud. Al vernos afectados por dificultades y estar llenos de retos, un remedio para la paz involucra gratitud. Cuando ores, menciona a Dios todo lo que está mal, pero también da gracias por las bendiciones que inundan tu vida. La gratitud es enemiga de la ansiedad. Son compañeras incompatibles.

No adopté esta costumbre porque yo sea el mejor ejemplo de gratitud. Enumero estas expresiones de gracia porque temo dar por sentadas las cosas. Estoy en riesgo de recibir mil regalos que fluyen del Dador y no reconocerlos. Registro mi gratitud en un intento de rescatar mi alma de la avalancha de ansiedad, quejas y envidia. Registro mi gratitud debido al hombre en quien deseo convertirme.

Cuando reconocemos las bendiciones, tanto grandes como pequeñas, que inundan nuestras vidas todos los días, experimentamos el gozo que Dios desea para nosotros. Tal es el poder de un corazón agradecido.

MEDITACIÓN

¿Cómo cambiaría tu perspectiva de vida si adoptaras la costumbre de registrar tu gratitud? Haz una pausa ahora mismo y expresa gratitud por tres bendiciones específicas en tu vida.

Querido Señor, hoy estoy agradecido por:

* ______________________________
* ______________________________
* ______________________________

DÍA 14:

RECUERDA QUIÉN ERES

¿QUIÉN ERES? EN UN NIVEL BÁSICO, LA PREGUNTA PUEDE contestarse dando tu nombre: "Soy Jeff".

Pero la identidad va más allá de un nombre. Se amplía hasta incluir nuestra relación con miembros de la familia, nuestro papel como esposo o esposa, hijo o padre. Así que alguien que me señala al otro lado del salón podría decir con precisión: "Ese es el esposo de Chris", o "él es el papá de Andrew".

Por eso, podemos encontrarnos en una crisis de identidad si recientemente nos divorciamos o enviudamos, o si perdimos un hijo o a uno de nuestros padres. Parte de lo que somos está en relación con alguien más, a quien nos han quitado.

Por lo general, la profesión participa en lo diverso de la identidad. Soy estudiante, plomero, administrador de dinero, agente de seguros, ama de casa, artista, chef.

También tendemos a extraer nuestra identidad de aquellos logros y fracasos que parecen marcar nuestras vidas.

Por tanto, ¿quién eres? ¿Qué es lo más cierto acerca de quién eres? ¿Y por qué la identidad importa en cultivar un corazón sano, un corazón desde el cual podamos servir y amar con longevidad a los demás?

He descubierto que hacer una pausa cada día para recordar mi identidad como hijo preciado de Dios restaura algo en mí. Recordar mi identidad como alguien amado profundamente por el Padre me da poder para amar y servir desde un espacio de seguridad e importancia.

PRÁCTICA 3: IDENTIDAD

La tercera práctica diaria a la que me aferro tiene que ver con mi identidad. Concluyo casi toda anotación en mi diario con la frase: *Jeff, tu hijo amado.*

No lo hago para recordarle a Dios quién soy, sino para *recordarme a mí mismo* quién soy: un hijo adoptado del Creador del universo.

En su carta a los seguidores de Jesús que vivían en Éfeso y sus alrededores, el apóstol Pablo escribió: "[Dios Padre] nos escogió... en amor habiéndonos predestinado para ser adoptados hijos suyos por medio de Jesucristo, según el puro afecto de su voluntad" (Ef. 1:4-5).

Antes de decir a los creyentes que hicieran algo, Pablo les recordó que eran hijos adoptados de Dios.

Somos los amados hijos e hijas de Dios. Somos queridos, adorados, atesorados. Nuestro Padre deseó tanto llevarnos a su familia que se entregó Él mismo (nos dio a su propio Hijo) para rescatarnos y llevarnos a casa.

Por eso es que escribo: *Jeff, tu hijo amado.*

Esto es lo más cierto acerca de quién soy. Y es lo único que nunca me pueden arrebatar.

Esta práctica (recordarnos quiénes somos de veras) es muy importante, ya que tratamos de encontrar nuestra identidad central en muchas otras fuentes: personas, profesión, éxito ministerial u objetos que adquirimos. Mientras la voz sosegada de Dios susurra que nos ama profundamente, seguimos buscando una alternativa. Nos movemos de persona en persona o de suceso en suceso, tratando de satisfacer nuestro anhelo interior de importancia. Henri Nouwen escribió:

> Al igual que yo, ¿no esperas que alguien, algo o un acontecimiento vengan a darte esa sensación definitiva de bienestar interior que deseas? ¿No sueles pensar: "Ojalá este libro, idea, curso, viaje, empleo, país o relación satisfaga mi deseo más profundo?".[9]

Pero aunque obtengamos aquello tras lo que vamos, demuestra ser sustituto débil y poco fiable para la identidad estable que es nuestra cuando llegamos a conocer a Jesús. Nuestros anhelos más profundos solo se satisfacen plenamente en nuestra identidad como hijos de Dios preciados y amados.

Aunque podría ser difícil para ti, quiero que comprendas que eres un hijo amado o una hija amada. Toma un momento ya sea para escribir o para pronunciar en voz alta:

> *Soy ____________________, tu hijo(a) amado(a).*

Te reto a escribir esta frase en tu diario día tras día, semana tras semana, para recordar que tu identidad principal no se forma añadiendo tus logros. Tampoco se encuentra en la suma de tus fracasos. Tu identidad fundamental se encuentra en tu adopción. Él te escogió. Te recogió. Te llevó a casa.

A menudo se requieren años, o incluso toda una vida, para creer de verdad que somos profundamente amados. Al recordar nuestra identidad, damos pequeños pasos hacia el Padre que nos anhela, cuyos brazos esperan a sus hijos amados.

El Creador me adoptó como su hijo. Él me ama, se goza conmigo, y desea formarme en la persona que diseñó que yo fuera. Soy suyo. Pero tiendo a encontrar mi identidad en el trabajo, en cosas o en mi

---

9. Henri J. M. Nouwen, *Life of the Beloved: Spiritual Living in a Secular World* (Spring Valley, NY: Crossroad Publishing, 1991), p. 35. Publicado en español por PPC con el título *Tú eres mi amado: la vida espiritual en un mundo secular.*

índice de popularidad. Así que me recuerdo vez tras vez que pertenezco a Dios.

Lo escribo, palabra por palabra. *Soy Jeff, tu hijo amado.*

¿QUÉ SENTIDO TIENE?

Tu objetivo no debería ser llenar tu diario con palabras. El diario solo es una herramienta. Mi diario es un vehículo para (1) pedir llenura diaria, (2) expresar gratitud y (3) recordar mi identidad central. Llevo un diario para enderezar mi corazón y mantenerlo en orden. Esto podría parecer algo pequeño, pero la vida se construye a partir de pequeños pasos, dados en forma repetida, en dirección santa.

Un fundamento no se construye en un día. Un buen fundamento necesita tiempo y enfoque. Se forma mediante una oración escrita cada vez. Con los años, esa base crecerá suficientemente fuerte para apoyar una vida bien llevada.

MEDITACIÓN

Si aún no has iniciado una práctica de llevar un registro diario, empieza ahora mismo. Utiliza este espacio para pedir a Dios su plenitud cotidiana, para expresar tu gratitud y para recordar tu identidad central como su hijo amado.

DÍA 15:

NO PUEDES HACERLO TODO

NECESITADO DE INSPIRACIÓN Y VISIÓN FRESCA, ASISTÍ A una conferencia en el centro de Chicago. Un desfile de comunicadores dotados ascendía las gradas del escenario y hablaba apasionadamente de los grandes problemas del mundo. Cada uno de ellos nos instaba a convertirnos en parte de la solución, a llevar sanidad y restauración a los quebrantados.

Los presentadores comunicaron historias y estadísticas que resaltaban cuán necesarios eran sus ministerios. Uno habló de la grave situación de jóvenes sin padres y la desesperada necesidad de mentores estables que cumplieran el papel de figuras paternas. Otro habló de un ministerio a prisioneros, recordando a la audiencia las palabras de Jesús en Mateo 25:36: "Estuve... en la cárcel, y vinisteis a mí".

Luego vino un convincente desafío para que las iglesias adoptaran a sus marginados artistas explorando más expresiones creativas de adoración. Hubo también una sesión que reveló el horror del tráfico sexual y la respuesta inmediata requerida de cualquier creyente consciente, una apelación fuerte a apadrinar niños empobrecidos en países en desarrollo, y una súplica para proporcionar agua potable en regiones del mundo con menos recursos.

Al final del primer día, mi corazón estaba agotado. En lugar de infundirme una renovada visión, descubrí que eso comenzaba a apagarme. A medida que se añadían más presentaciones, con sus correspondientes llamados a la acción, empecé a insensibilizarme. La sobrecarga no la causó ninguno de los oradores en particular, sino el peso de sus voces colectivas.

¿Eran reales las necesidades que exponían? Sí, muy reales. ¿Por qué entonces el bloqueo emocional? Porque la suma de todos los problemas del mundo es superior a mi capacidad de captarlos, e incluso de solucionarlos.

La insinuación tácita era que cualquier ministerio de cuidado (cualquier iglesia que se precie) se dedicaría a estas causas críticas. Todas ellas. En realidad nadie lo expresó en palabras, pero el mensaje parecía ser: "¿Cómo puedes afirmar que amas a Jesús y no estar sirviendo a las personas que *nosotros estamos* comprometidos a servir?".

LA MAÑANA EN QUE JESÚS DESAPARECIÓ

Podrías estar protestando: "Así es, ¿pero no curó Jesús a los enfermos y alimentó a los hambrientos?".

Sí. Lo hizo.

Jesús curó a *algunos* de los enfermos y alimentó a *algunos* de los hambrientos. Pero ni siquiera Él trató de hacerlo todo a la vez.

Él tomó decisiones, a veces dolorosas, acerca de cómo invertir su tiempo y energía. Casi al inicio de su ministerio lo vemos tomando una de tales decisiones.

Temprano un domingo, mientras una enorme y necesitada multitud se reunía, sus discípulos despertaron para descubrir que Jesús había desaparecido.

El día anterior a su desaparición es extraordinario. Ese día de reposo Jesús enseña poderosamente en la reunión de la sinagoga en Capernaúm. (Esta es la reunión que mencionamos brevemente en el Día 11.) Su sermón fue interrumpido por los gritos de un hombre afligido por un demonio. Jesús ordena al demonio que salga de su anfitrión humano, y el hombre se estremece mientras el demonio sale lanzando un chillido. La gente queda estupefacta. Esta no es una reunión común y corriente en la sinagoga. La multitud se maravilla de que este joven rabino tenga autoridad sobre los poderes demoníacos. "Y muy pronto se difundió su fama por toda la provincia alrededor de Galilea" (Mr. 1:28).

La reputación de Jesús aumenta. Pero este día característico no ha concluido.

Jesús sale de la sinagoga y se dirige a la casa de Andrés y Simón (también llamado Pedro). La suegra de Simón está enferma en cama, asediada por una fiebre. Jesús la cura, y la noticia de su poder ahora se extiende más y más.

No solo que puede expulsar espíritus malignos, sino que Jesús también tiene autoridad sobre la enfermedad.

Ahora los enfermos y acosados por demonios son llevados a la casa donde Jesús ministra hasta mucho después de ponerse el sol.

Finalmente, Jesús y sus amigos dan por concluida la noche. Al día siguiente volverán a los enfermos y angustiados. Pero en la mañana, los discípulos despiertan para descubrir que tienen un gran problema. La atracción estelar ha desaparecido. Se ha ido. Jesús ya no está. ¿A dónde fue, y por qué?

Marcos nos informa: "Levantándose muy de mañana, siendo aún muy oscuro, salió y se fue a un lugar desierto, y allí oraba" (Mr. 1:35).

Antes del amanecer, Jesús se escabulle a un lugar solitario para orar. Esta no es la única vez que hizo eso. Lucas nos comunica: "A menudo Jesús se retiraba a lugares donde podía estar solo para orar" (Lc. 5:16, PDT). En la soledad silenciosa de la mañana, Jesús sale y se oculta para buscar dirección y claridad. Lejos del tráfico y el bullicio, lejos de las multitudes y sus exigencias, Jesús encuentra un espacio tranquilo para hablar con su Padre.

Pero mientras Jesús está teniendo su tiempo a solas, los discípulos despiertan a las necesidades del mundo. Sienten algo de pánico a medida que el gentío se reúne, exigiendo ver a Jesús. Al no poder encontrarlo, los discípulos forman un grupo de búsqueda y recorren la región para buscar al sanador ausente.

Cuando por fin lo encuentran, la reacción de Jesús es totalmente inesperada. "Les dijo: Vamos a los lugares vecinos, para que predique también allí; porque para esto he venido" (Mr. 1:38).

En esta etapa de su ministerio, Jesús experimenta un conflicto entre su ministerio de enseñanza y su ministerio de sanidad. En este caso, la enseñanza prevalece sobre la sanidad.

Esto podría modificar la imagen que tengas de Jesús. En esta temporada, Él no es el amable sanador que viaja de pueblo en pueblo, buscando personas a quienes restaurar la salud. Jesús es el maestro viajero, seguido por un grupo de personas que buscan sanidad.

CLARIDAD DE LA MISIÓN

Y así fue. Temprano una mañana, en medio de creciente popularidad, Jesús encontró un lugar tranquilo (lejos de las multitudes y sus exigencias) para pedirle dirección a su Padre. En soledad, Jesús detectó su misión principal para este período de su ministerio. Tomó medidas para evitar que su ministerio de sanidad opacara su ministerio de enseñanza. Jesús sabía a qué había venido y cuál era su llamado.

Si Jesús (Dios en piel humana) encontró necesario escapar del ruido y comunicarse con su Padre, ¿cuánto más nosotros debemos hallar un lugar tranquilo para pasar tiempo con nuestro Padre?

La gente grita.

Dios a menudo susurra.

Debemos calmarnos para escuchar la voz de Dios.

El resultado de la escapada temprana de Jesús fue claridad de visión y misión. Esto le dio seguridad para anunciar: "Vamos a los lugares vecinos, para que predique también allí; porque para esto he venido".

¿Comprendes la libertad que produce esta historia? La declaración de Jesús nos libera para discernir nuestro llamado en cada período de la vida. Tanto para decir sí como para decir no.

Nuestro reto es separarnos constantemente del ruido, las exigencias, y el tráfico a fin de calmarnos y oír la voz del Padre. En quietud discernimos aquellas necesidades que Él está *llamándonos* a satisfacer y comprendemos qué necesidades desgarradoras pedirá a *otros* que las satisfagan.

No puedes hacerlo todo. Ni deberías.

Saber esto nos libera para centrarnos en lo que podemos y debemos hacer, y nos concede claridad de propósito.

NADIE HACE TODO

Al reflexionar en el drenaje emocional de la conferencia en el centro de Chicago, pienso que la presión que sentimos muchos de nosotros en la audiencia provenía de un implícito *y* en vez de un liberador *o*.

Bueno, yo podría arriesgarme aquí al suponer que ninguno de los oradores en la conferencia se distinguió en *todo* lo presentado en el evento. La iglesia que vierte mucha energía en adoración creativa tal vez no pueda estar dirigiendo un ministerio transformador en prisiones. Y la iglesia que moviliza sus recursos en cavar pozos y apadrinar niños empobrecidos quizás no esté modelando genios artísticos o dirigiendo un programa emblemático de tutoría.

Nadie lo hace todo. O al menos no por mucho tiempo.

Amigo mío, servir a otros con pasión y excelencia requiere un enfoque centrado en el corazón. Esto lo reafirmó Jesús al desaparecer para estar con su Padre. Cuando nos aquietamos para escuchar su voz, es más probable que discernamos nuestra misión para un tiempo específico.

MISIÓN CUMPLIDA

La noche que Jesús fue arrestado, horas antes de la crucifixión, pudo orar: "Yo te he glorificado en la tierra; *he acabado la obra que me diste que hiciese*" (Jn. 17:4).

No todos los paralíticos pudieron caminar, y no todos los ciegos lograron ver. Pero Jesús completó fielmente la obra que su Padre le asignó. Él fue fiel pero no frenético. Ni siquiera Jesús intentó servir a todo el mundo en toda forma.

Darnos cuenta de que no podemos hacerlo todo *puede* liberarnos para oír la voz del Padre y responder a su llamado único en nuestra vida. También puede liberarnos de la culpa impuesta por no hacerlo todo.

Cuando yo era un pastor joven recibí un buen consejo: "Nunca hay tiempo suficiente para hacer todo lo que quieres hacer, pero siempre hay tiempo suficiente para hacer la obra que Dios está llamándote a hacer".

MEDITACIÓN

¿Te encuentras crónicamente ocupado en exceso y sigues sintiendo que no estás haciendo suficiente? Te insto a tomar diez minutos para responder un par de preguntas. Encuentra un lugar tranquilo para sentarte, y después de varios minutos de silencio contesta estas dos preguntas:

1. En este momento de mi vida, ¿cuál es aquella oportunidad crucial que creo plenamente que viene de Dios, algo a lo que debo decir

sí? Podría tratarse de una persona en quien estás invirtiendo, una tarea que deba completarse, o una oportunidad permanente de ministerio.

____

____

____

2. En este momento de mi vida, ¿a qué oportunidad debo decir no? Podría ser un llamado fabuloso para otra persona u otro tiempo, pero que por ahora solamente me alejaría de las demás responsabilidades que Dios está llamándome a cumplir.

____

____

____

SEMANA CUATRO:

RELACIONES VIVIFICANTES

CUANDO VIAJABA POR ZAMBIA HACE POCO TIEMPO, UN pastor me recordó este famoso proverbio africano:

> Si quieres ir más rápido, viaja solo.
> Si quieres ir más lejos, viaja acompañado.

Este conocido refrán sugiere que un viaje largo es mejor si se hace en compañía de otros. La fidelidad es una carrera de resistencia, y tenemos más éxito cuando viajamos en compañía de quienes estimulan nuestro movimiento constante hacia delante.

Hasta este momento, gran parte de nuestra conversación acerca de la constancia y la perseverancia podría aplicarse de manera individual. Ahora, en la Semana Cuatro, volvamos la atención a la fortaleza que hallamos a través de la compañía de otros, y a la fortaleza que ellos podrían encontrar a través de nuestra compañía.

DÍA 16:

EL REGALO DE AMISTADES PERDURABLES

ME SENTÉ EN UNA SILLA MULLIDA A MIRAR EL LAGO Michigan. Los amplios ventanales de la habitación enmarcaban una magnífica imagen del agua. El fuerte viento de noviembre que habíamos tenido ayer se había calmado un poco, y hoy las olas se lanzaban suavemente sobre la orilla.

Más tarde esta mañana nos reuniremos en el comedor para estudiar segmentos del Evangelio de Lucas. Pero en estas horas tempranas, la casa del lago está en silencio. Nos levantamos cuando quisimos hacerlo, preparamos café, nos sentamos en varias partes de la casa, leímos, escribimos y reflexionamos.

Los cuatro nos reunimos aquí dos veces al año: primavera y otoño. Tomamos un descanso de las iglesias que dirigimos y nos reunimos en esta cabaña para reparar y reabastecer nuestras vidas. No solo es el descanso de la vida de iglesia lo que recarga, sino también la compañía de hermanos que edifican la vida de los demás. Nos hemos reunido así durante más de veinte años. Cuando iniciamos nuestros retiros dos veces al año, mis hijos eran preescolares. Ahora soy abuelo. Eso es mucho tiempo.

La composición del grupo cambió un poco en los primeros años cuando los hombres entraban y salían de la región y usábamos varias cabañas. Pero más o menos durante los últimos diez años los cuatro nos hemos reunido en esta amada casa del lago.

Nos juntamos para invertir unos en otros pero también en nosotros mismos.

Estos hombres me conocen. Ven tanto mi potencial oculto como mis puntos débiles que podrían arruinarme. Conocen mis capacidades y mis obligaciones. Me conocen desde que mi iglesia era pequeña y luchaba por despegar. Me aman, pero no se impresionan por los logros que se me puedan acreditar. Ellos me conocen por quién soy y no necesariamente por algo que yo haya logrado. Esta es la clase de conocimiento que llega con el tiempo.

Tenemos el privilegio de pastorearnos unos a otros. Somos mejores hombres por estar cada uno en las vidas de los otros.

Carlton vuela desde San Diego. Yo conduzco menos de una hora hasta la casa del lago. Por lo general, él vuela durante la noche para estar aquí. Sigue siendo parte del grupo aunque no le resulte conveniente ni económico. Esta es una amistad costosa para él, pero vale la pena.

Al regresar a nuestras respectivas ciudades, Carlton y yo nos mantenemos en contacto por medio de conversaciones telefónicas regulares los lunes. "¿Cómo fue tu fin de semana? ¿Estás animado o desanimado? ¿Qué nuevas oportunidades o desilusiones han invadido tu vida?". Él pregunta de manera rutinaria por la salud de mi matrimonio, las vidas espirituales de mis hijos y si estoy experimentando momentos satisfactorios con Dios.

¿Estaría yo todavía en el ministerio sin estas amistades? Probablemente. ¿Estaría activo en un espacio saludable, lleno de gozo y auténtico? Posiblemente no.

Si estás comprometido por entero, la vida es agotadora. Te entregas constantemente a las personas. Esta entrega persistente puede gastarte y extenuarte. Necesitas recuperarte y recargarte.

Es bueno saber que no viajo solo. Extraigo fortaleza de estos hombres en el lago, y confío en que ellos extraigan fuerzas de mí. Estas relaciones son fundamentales. Nos zambullimos en esa región bajo la superficie que poca gente ve. Retirarnos de la mirada pública nos fortalece para servir con más fidelidad cuando volvemos a la mirada pública. Nuestros compromisos privados fortalecen nuestros compromisos públicos.

Ojalá todo el mundo tuviera tan duradera banda de amigos.

EL VIAJE JUNTOS

En Eclesiastés, el rey Salomón advirtió del peligro de viajar solos, y señaló la ventaja de unirse para el viaje. En su poema en que aboga por la camaradería aconseja: "Mejores son dos que uno" (Ec. 4:9). Luego se basa en varios escenarios de viaje en que la compañía puede probar que salva vidas.

> Si caen, el uno levanta al otro. ¡Ay del que cae y no tiene quien lo levante! Si dos se acuestan juntos, entrarán en calor; uno solo ¿cómo va a calentarse? Uno solo puede ser vencido, pero dos pueden resistir (Ec. 4:10-12, NVI).

Salomón describe un mundo que no es seguro. Caemos, quedamos atrapados en el frío, y nos atacan. No puedes predecir cuándo ocurrirán estas calamidades. No sabes cuándo tropezarás, temblarás de frío, o te puedan atracar. ¿El consejo sabio? "No viajes solo". Cuando viajamos acompañados podemos levantarnos, calentarnos y protegernos mutuamente. Pero si viajamos solos por la vida… bueno, mucha suerte.

No esperes hasta que tu vida se desplome para luchar por identificar a los amigos que pueden sostenerte. Las amistades que construimos cuando no pasa nada malo nos sustentan cuando todo sale mal. Tu compromiso de viajar con alguien cuando estás afirmado, cálido y protegido edifica la relación para el día en que tropiezas, tiemblas de frío o te encuentras bajo asalto inesperado.

CORDÓN

Para añadir aún más refuerzo a su desafío, el rey Salomón agregó un cordón a su metáfora de ánimo. "Cordón de tres dobleces no se rompe pronto" (Ec. 4:12).

La imagen aquí es de un cordón hecho de varios hilos. Es fuerte y soporta presión sin romperse. Cada hilo es esencial para la fortaleza de la cuerda. Los hilos están retorcidos y tejidos juntos, entretejiéndose para crear una unión poderosa.

A solas, soy un hilo. Juntos, somos un cordón. Esta es una gran imagen de las amistades duraderas.

Por eso ansío regresar a la casa del lago, para reunirnos como lo hemos hecho durante veinte años. Nuestras vidas están entrelazadas. Juntos, somos fuertes.

Esta clase de amistades toma tiempo. Las construimos con tazas de café, mensajes de texto o correos electrónicos preguntando cómo están las cosas, llamadas telefónicas rutinarias y comidas sin apuro. Estas relaciones por lo general son el producto de años y no de semanas. Con el tiempo nos unimos para fortalecernos.

Si quieres acabar bien, dedica tu corazón y tu horario a amistades sustentadoras de vida. Si aspiras a dirigir y servir durante décadas, únete con otros. Disfruten juntos el viaje.

MEDITACIÓN

¿Estás conectado con amigos que puedes llamar cuando la vida se pone difícil? ¿Quién puede tenderte la mano si te encuentras atrapado, confundido o rechazado? Toma un momento para enumerarlos por nombre.

* ______________________________

* ______________________________

* ______________________________

* ______________________________

Si no pudiste enumerar los nombres de aquellos que podrías llamar en tiempos de problemas, entonces enumera individuos con quienes podrías crear potenciales amistades estimulantes. Escribe los nombres de aquellos en quienes podrías invertir tiempo y confianza, que podrían convertirse en potenciales compañías de viaje y que serían amistades con quienes compartir el viaje.

* ______________________________

* ______________________________

* ______________________________

* ______________________________

* ______________________________

DÍA 17:

EL CÍRCULO

ARON RALSTON SALIÓ DE EXCURSIÓN SOLO, Y NADIE SABÍA dónde estaba.

La desgarradora historia de Aron se relata en su libro *Entre la espada y la pared*, que inspiró la película de 2010, *127 horas*. En abril de 2003, Ralston estaba de excursión en el parque nacional Canyonlands en Utah cuando una roca de casi cuatrocientos kilos se desprendió y le aplastó el brazo contra la pared del cañón. Ralston quedó atrapado durante más de cinco días, muriendo lentamente de deshidratación. Finalmente se liberó amputándose el antebrazo derecho con su mal afilada navaja de sus herramientas múltiples.

Cuando leí la fatal experiencia de Ralston en la revista *Adventure* de *National Geographic*,[10] me sorprendió una declaración que describía el motivo de su traumática prueba: "Ralston no había informado a nadie de sus planes de excursión, así que nadie lo habría estado buscando".

Él fue de excursión a solas, y nadie sabía dónde estaba.

Aunque no estemos literalmente atrapados en un cañón o perdidos en el bosque, muchos *estamos* de excursión a solas. Y andar de excursión a solas puede ser arriesgado. Tal vez nadie sepa dónde

10. Laurence Gonzalez, "One Way Out", *National Geographic Adventure* (agosto, 2003).

nos encontramos. Quizás estemos luchando aislados, agonizando día tras día. O tal vez estamos separados de quienes podrían ayudarnos. Podríamos incluso estar retirados de la comunidad, completamente aislados cuando nos encontramos más necesitados de amigos.

Construir un fuerte mundo privado, una base para nuestras vidas, incluye cultivar un círculo de amistades confiables. A menudo permanecemos atrapados porque andamos solos. Y nadie conoce nuestra ubicación.

EL CÍRCULO DE LOS MIÉRCOLES

Los cinco nos reunimos durante años los miércoles por la mañana en una de nuestras oficinas, o de vez en cuando en un restaurante. No recuerdo ninguna nítida declaración de misión, pero el propósito era bastante claro: reunirnos para animarnos mutuamente a convertirnos en mejores esposos, padres y seguidores de Cristo. Queríamos llegar a ser mejores hombres y creímos que, en lugar de caminar solos, nuestras posibilidades de conseguir esto aumentaban mucho si nos uníamos.

Una mañana particular, alguien del grupo miró al círculo y preguntó cómo estaba yo. Le dije la verdad. Estaba mal. Me hallaba cansado y sin inspiración, luchando de semana en semana con poco gozo y cada vez menos entusiasmo por servir a mi congregación. Estaba soportando el trecho más prolongado de depresión que alguna vez experimentara.

El enfriamiento emocional comenzó poco después de que nuestra congregación se mudara a un nuevo edificio. La reubicación representaba un logro importante para una iglesia que había batallado durante años simplemente por despegar. Después de vender nuestro antiguo edificio y alquilar una escuela durante un par de años, habíamos completado con éxito un proyecto de construcción de varios millones de dólares en veinticuatro espaciosas hectáreas.

Este debió haber sido un tiempo de profunda satisfacción por un trabajo bien hecho, pero en vez de eso me hallaba chapoteando en un pantano de desánimo. Uso con renuencia la palabra *depresión* porque no me hallaba envuelto en penumbra emocional total. No se trataba de una depresión clínica caracterizada por la incapacidad de funcionar, sino de un tiempo prolongado de tristeza. Una nube gris sobrevoló sobre mi cabeza durante meses.

Una caída emocional generalmente sigue a la culminación de cualquier proyecto importante. Además, ocupar nuestro edificio nuevo motivó un aumento en la asistencia, lo que agregó tensión adicional a nuestro personal y nuestros voluntarios. Todos estábamos agotados. Debí haber visto venir la caída. Pero no la vi.

Sentados en el círculo, describí la pesadez que llevaba. Una característica inquietante de mi condición era que ya no encontraba satisfacción en lo que constantemente había disfrutado durante mis primeros dieciséis años en el ministerio: elaborar sermones y comunicarlos a una congregación receptiva. Preparar sermones se había vuelto una tarea sin alegría, y me encontré saliendo de las reuniones de fin de semana con poco sentido de satisfacción o cumplimiento. Mi régimen semanal se había convertido en una rutina apagada. Ya no era divertido.

Sintiendo que algo estaba terriblemente mal, escudriñé cada fin de semana. ¿Estaba atascado en mi pantano depresivo o saliendo de este? ¿Estaba el gozo volviendo a mi trabajo, y si no, cómo y cuándo regresaría? ¿Qué había hecho yo para entrar en esta neblina, y qué podía hacer para quitármela de encima?

CONSEJO SABIO

Los hombres en el pequeño círculo escucharon sin interrumpir. Cuando terminé mi diatriba se quedaron allí sentados por un rato, dejando que el silencio reemplazara mi ruido. No tenían prisa por hablar, recomendar algo o solucionar el problema.

Aunque tres de mis amigos en el círculo asistían a otras iglesias, Tim se sentaba cada semana a recibir mi enseñanza. Uno de ellos le pidió que interviniera.

—Tim, ¿es eficaz Jeff? —le preguntó.

Tim respondió que creía que mi ministerio de enseñanza era muy eficaz, que había oído a varios asistentes comentar recientemente que mis mensajes habían sido útiles y que surtían efecto. Él juzgó que a pesar de lo que yo pudiera estar experimentando, mi eficacia no se había derrumbado.

Se hizo una larga pausa, entonces Kurt habló.

—Jeff, si la gente está aprendiendo y creciendo, ¿importa realmente lo que *tú* estés sacando de la experiencia?

¡Uf!

Luego más silencio, seguido de una sugerencia vivificante.

—¿Y si Dios te está llamando a un tiempo de fidelidad en que no recibes mucha gratificación a cambio? ¿Y si tu misión ahora mismo es simplemente ser fiel?

Recuerdo claramente haber cruzado el estacionamiento esa mañana y conducir a casa sintiéndome un hombre libre. La idea era liberadora. Pensé: *No tengo que disfrutar esto ahora. Tal vez mi alegría regrese rápidamente y tal vez no, pero esa no es mi labor.* Esta liberación estaba acompañada de resolución, y allí fue que surgió otro pensamiento. *Por el momento renuncio a mi derecho de disfrutar el proceso. Me comprometo a entregarme por completo a mi trabajo cada semana, sea que experimente satisfacción o no. Para este próximo trecho renuncio a mi derecho de satisfacción personal.* Y con ese juramento dejé a un lado el escrutinio semanal. Resolví presentarme, servir y dejar que Dios restaurara mi satisfacción emocional cuando Él decidiera hacerlo.

Y sucedió algo.

Pronto comencé otra vez a disfrutar el proceso. Cuando renuncié a mi derecho a la satisfacción, empecé a saborearla. Poco después de esa reunión de miércoles por la mañana, salí de la tenebrosidad.

Al mirar atrás creo que me había hundido más y más en la introspección, obsesionándome con *mi* experiencia, *mi* satisfacción y *mi* derecho a la felicidad. Involuntariamente había descendido a un vórtice de egocentrismo.

CAMINAR JUNTOS

Bueno, no estoy sugiriendo que mi experiencia sea una solución general para el desánimo o la depresión. La vida es demasiado complicada y misteriosa para un remedio universal. Pero la interacción con mi círculo de amigos comprometidos me mostró la salida a la época más prolongada de desánimo en mi vida profesional.

La depresión se supera en muchas formas, y no pretendo ser un experto en eso. Lo que sí sé es que la depresión, como casi toda lucha, no debe abordarse a solas. Como todo, es mejor pelear con el apoyo de amigos amorosos, un círculo que se mantenga unido por mucho tiempo.

No encontré la salida a solas. Tuve ayuda. Por años había estado comprometido con un grupo de individuos que vigilaban mutuamente sus vidas. Se volvió ocupación nuestra preguntar: "¿Dónde estás? ¿Cómo está tu corazón? ¿Cuál es la condición de tu alma?".

Salí de mi cañón de desánimo, entero y animado, en compañía de amigos. No estaba de excursión solo, y un grupo de compañeros escaladores sabía dónde me hallaba.

Amistades como estas son cruciales si deseas mantenerte comprometido y motivado durante años. Quizás puedas perseverar por tu cuenta durante semanas o incluso meses, pero no me imagino entregándome año tras año sin una comunidad vivificadora. Nos necesitamos mutuamente.

Los escritos del Nuevo Testamento están impregnados de recordatorios acerca de cuidar unos de otros. He aquí algunas de las amonestaciones dadas a los seguidores de Cristo:

> "Que os améis unos a otros" (Jn. 15:17).
> "Servíos por amor los unos a los otros" (Gá. 5:13).
> "Sobrellevad los unos las cargas de los otros" (Gá. 6:2).
> "Alentaos los unos a los otros" (1 Ts. 4:18).
> "Edificaos unos a otros" (1 Ts. 5:11).
> "Considerémonos unos a otros para estimularnos al amor y a las buenas obras" (He. 10:24).
> "Confesaos vuestras ofensas unos a otros" (Stg. 5:16).
> "Orad unos por otros" (Stg. 5:16).

La clara evidencia de las Escrituras es que no debemos navegar solos por la vida. Fuimos creados para la comunión con Dios que hace más fácil nuestra comunión unos con otros.

Así que pregúntate de nuevo: "¿Estoy andando solo? ¿Sabe alguien dónde estoy?". Te reto a invertir en un círculo de amigos mucho antes de que los necesites desesperadamente. Cultiva relaciones antes de que todo se hunda. Necesitamos unos de otros. Crea espacio en tu calendario y tu corazón para un grupo de compañeros de viaje. Llegará el día en que necesites ayuda para salir del cañón. No se supone que caminemos solos.

MEDITACIÓN

¿Con qué viajeros puedes contar para que caminen contigo y de este modo asegurarte que no estás solo? En la conclusión del capítulo anterior se te pidió que escribieras algunos de sus nombres. Piensa hoy en uno o dos de esos nombres y reflexiona cuándo y dónde pueden reunirse para tener compañerismo, animarse y rendirse cuentas. Estas relaciones tardan tiempo en cultivarse. Esta semana, empieza a incorporar un par de personas con las que podrías contar.

____

____

____

DÍA 18:

EL RECORRIDO DE SAMUEL

CHRIS Y YO REGRESAMOS HACE POCO DE VACACIONES, una escapada de febrero que nos llevó al sur para un breve retraimiento del frío glacial del invierno en Michigan. Caminamos juntos por la playa, montamos en bicicleta y paseamos con amigos en barco. Cuando las ruedas de nuestro avión tocaron suelo otra vez en casa, fuimos saludados por veinticinco centímetros de nieve fresca. Y entonces… de vuelta al trabajo. Otra vez en la rutina.

No regresé a casa solo para ponerme ropa de abrigo y palear nieve. Regresé a una reunión de personal hoy, a una reunión de la junta mañana, a ver a nuestro nieto el viernes y a la preparación para tres reuniones entre sábado y domingo. Regresé para reunirme con la gente y con la serie de responsabilidades que marcan gran parte de nuestras vidas.

En momentos así, debo recordar que la rutina diaria a la que regresamos es estimulante. Hay una palabra que describe la constancia de presentarnos y servir una y otra vez a las personas. La palabra es *fidelidad*, y esperamos que nuestras vidas se caractericen por esta cualidad.

Es saludable romper periódicamente el ritmo de nuestra rutina cotidiana y visitar nuevos lugares, experimentar nuevas actividades y conocer nuevas personas. Sin embargo, gran parte de la vida fiel se basa en la rutina. El servicio fiel y eficaz a otros a menudo implica acercarnos a las mismas personas, y a menudo en la misma forma. Sí, esto puede parecer superfluo y repetitivo, pero en gran parte es donde yace la influencia duradera. Si deseas vivir grandiosamente, esto requerirá una rutina de ofrecer vez tras vez actos fieles de servicio.

Considera al gran profeta Samuel del Antiguo Testamento. La Biblia resalta algunos hechos poderosos y explosivos en la vida de este hombre. En una historia famosa, siendo un niño criado por el sacerdote Elí, la voz de Dios lo despierta en la noche y el muchacho pronuncia la frase que conforma su vida y su ministerio: "Habla, Jehová, porque tu siervo oye" (1 S. 3:9).

Pero entonces, Samuel desaparece de la narración por varios capítulos. Cuando el líder de confianza vuelve a aparecer es un hombre maduro, que utiliza su voz firme y profética para llamar a su pueblo al arrepentimiento (1 S. 7). En este crucial episodio, Samuel provoca un avivamiento nacional.

Al pasar la página al capítulo siguiente anticipamos otro suceso épico en la cima del monte, pero quedamos atónitos al descubrir que de pronto Samuel está viejo. "Aconteció que habiendo Samuel envejecido, puso a sus hijos por jueces sobre Israel" (1 S. 8:1).

¡Espera! ¿Qué pasó? ¿Cómo pudo nuestro héroe estar entrando en sus últimos años? ¿A dónde fue su vida?

La respuesta corta es *el recorrido*. Dos versículos sin incidentes resumen décadas de ministerio fiel: "Samuel continuó como juez de Israel por el resto de su vida. Cada año *hacía un recorrido* y estableció su tribunal, primero en Betel, luego en Gilgal y después en Mizpa. Juzgaba al pueblo de Israel en cada uno de estos lugares" (1 S. 7:15-16, NTV).

Ninguna victoria militar espectacular, ni luces de los cielos, ni acontecimientos explosivos. Solo un repetido recorrido de fidelidad.

Año tras año, Samuel hace este recorrido judicial de Betel a Gilgal y a Mizpa. En cada población brinda consejo, ofrece dirección espiritual y dicta sentencia en casos de la corte que suponían un reto. Vez tras vez. Vueltas y más vueltas. Una y otra vez. Sospecho que esto es lo que ocupa la vida de Samuel cuando tiene treinta y seis años. La cinta se adelanta varios años, y se le ve a la edad de cuarenta y tres, recorriendo los mismos caminos conocidos. ¿A qué se dedica a los cincuenta y cuatro años? A lo mismo. A llevar a cabo el mismo ministerio con casi siempre las mismas personas, en los mismos lugares: Betel, Gilgal y Mizpa.

Estos versículos son del tipo que saltamos fácilmente y a menudo no les hacemos caso. No ocurre gran cosa, así que los pasamos rápido en busca de la verdadera acción. Samuel se mueve de ciudad en ciudad en su recorrido anual, administrando justicia y guía a una generación del pueblo de Israel... una imagen de devoción y fidelidad constante. Y estoy seguro de que el recorrido también proporcionaba su parte de monotonía y tedio. Quizás incluso aburrimiento.

Pero el repetido ministerio de Samuel sirvió para estabilizar la nación en una época de desesperada agitación. Cuando Samuel falleció, el pueblo lloró. "Murió Samuel, y se juntó todo Israel, y lo lloraron, y lo sepultaron en su casa en Ramá" (1 S. 25:1). Él fue una fuente firme, fiel y constante de guía para su pueblo. Fue muy querido y profundamente extrañado.

VIDA EN REPETICIÓN

Al igual que con Samuel, tu mayor influencia en la vida podría fluir de la repetición. Si triunfas en servir, amar, dirigir y bendecir a otros, esto probablemente resultará de comportamientos que has escenificado docenas de veces, o quizás cientos.

Sea que sirvas como médico familiar, entrenador de volibol de larga data, padre de niños pequeños o director de campamento, estoy seguro de que has realizado importantes tareas con mareante repetición.

En mis más de treinta años de dirigir la Iglesia Bíblica Ada, muchas cosas han cambiado. Las responsabilidades han cambiado drásticamente desde los días en que nuestra iglesia familiar se componía de unas dos docenas de parroquianos. Pero ciertos hábitos siguen siendo los mismos semana tras semana, año tras año.

Me siento durante horas cada semana y estudio, escuchando fielmente un mensaje de parte de Dios, algo para comunicar a mi congregación. Los fines de semana me sitúo en una plataforma y abro las Escrituras ante aquellos que se reúnen para oír, aprender y crecer. Esta rutina básicamente es igual hoy como lo fue hace tres décadas. Vez tras vez, vuelta tras vuelta, de modo redundante y rutinario… y estimulante.

Cada mañana despierto, preparo café, e invito a Dios en mi día. Abro mi diario y escribo una lista de cosas por las que estoy agradecido. Le pido a mi Señor que inunde mi vida con misericordia, sabiduría y visión al empezar a trabajar. He hecho esto literalmente miles de veces. Y la próxima semana lo haré de nuevo. Es parte de mi recorrido.

Me recuerdo de vez en cuando que el precio de la transformación es la repetición. Mi repetición diligente trae vida a alguien más. Si todo tuviera que ser nuevo e interesante todo el tiempo, me perdería mi mayor oportunidad de impactar e influir.

SIGAMOS PRESENTÁNDONOS ANTE OTROS

Debemos ser como Samuel. Encontrar nuestro recorrido. En lugar de ver la repetición como algo de lo cual escapar, deberíamos verlo como una fuerza vivificante. Debemos presentarnos y dar lo mejor de nosotros una y otra vez.

Debes saber que esto no siempre es fácil. Mantener un recorrido constante no siempre es cómodo ni conveniente. Por lo general implica entregarnos a muchas de las mismas personas, en maneras muy similares, por un período prolongado. Nos encaprichamos con el éxito repentino y añoramos una solución rápida, pero no es así como se forja una vida eficaz. Lleva tiempo edificar cualquier cosa de influencia perdurable. Esto requiere trabajo verdadero. En la base de cualquier influencia sobresaliente y duradera está el reto de presentarnos ante otras personas y hacer el esfuerzo... día tras día tras día. Tal es el núcleo del recorrido fiel, de soñar en grande y comenzar por lo pequeño.

MEDITACIÓN

¿Cuál es tu recorrido? ¿Puedes identificar dos o tres tareas que repites sin cesar en servir a los demás? Escríbelas aquí y comprende lo importante que realmente es la rutina diaria.

* ____________________

* ____________________

* ____________________

DÍA 19:

CENA. BAÑO. CAMA.

A MEDIDA QUE CONTINUAMOS NUESTRA CONVERSACIÓN acerca de las relaciones estimulantes, cambiemos nuestra atención a nuestras familias.

Aunque gran parte de este capítulo gira alrededor de nuestros hijos, comprendo que tu reto particular puede incluir el cuidado de padres ancianos, ayudar con nietos, relacionarte con sobrinos y sobrinas o formar un matrimonio sano. Por eso quiero extender la imagen del recorrido de Samuel a la vida familiar. A menudo, nuestra mayor influencia relacional vendrá a través de entregarnos una y otra vez, en especial a los miembros de nuestra familia.

NOCHE SOLO DE HOMBRES

Una "noche solo de hombres" particularmente memorable para mí no fue un partido de final de campeonato con un grupo de camaradas en la cueva masculina de un amigo, sino más bien una noche pasada con mi hijo y mi nieto. Mi esposa y mi nuera se habían ido a un evento, así que Alex y yo decidimos pasar el rato en casa de ellos. Mientras Alex preparaba pasta, yo jugaba con Preston, quien en ese entonces tenía once meses.

Acomodados en su mesa de comedor, disfruté espaguetis carbonara mientras daba a Preston cucharadas de puré de vegetales. Mi ritmo de darle de comer no era satisfactorio para el chiquillo, y la comida se vino a menos cuando él se untó la deliciosa sustancia en el rostro y el cabello. No sé cuándo fue la última vez que observaste a un bebé alimentándose, pero es muy entretenido. Fue una experiencia corporal completa.

Una vez terminada la cena, saqué a Preston de su silla alta, y tomándolo de la mano a cierta distancia lo llevé a la bañera para un ritual muy necesario de limpieza. Luego vino el combate de lucha libre para meterlo en su pijama de cuerpo entero con zapatitos antes de colocarlo en la cama.

Sus padres han escenificado varias veces esta secuencia, este ritmo nocturno de cena, baño y cama.

A veces podría parecer monótono, pero las familias estables tienen un ritmo constante y confiable. Por fuera, una familia creativa adoptará nuevas actividades y experiencias. Pero mira de cerca y descubrirás una rutina estructurada en sus días, un patrón confiable creado en base a repetición y ritmo. Vida y amor se transmiten en estas interminables actividades repetidas.

Nuestros tres hijos vinieron en rápida sucesión, llegando en un lapso de cuatro años. ¿Cuántos pañales cambiamos? ¿Cuántas veces lavamos la ropa? ¿Cuántos tazones de macarrones con queso servimos? ¿Cuántas historias leímos a la hora de dormir? Vida en repetición.

No me considero un modelo en equilibrar ministerio y familia. Cuando aconsejo a padres jóvenes que tratan de mantenerse conectados como familia mientras obtienen un título, crean una empresa o comienzan un ministerio, he tenido que hablar más de mis fracasos que de mis éxitos. Sin embargo, creo que sí hice algunas cosas bien.

LIBROS DESGASTADOS Y ALGO QUE SE HIZO BIEN

Una tira de cinta adhesiva adorna el lomo de nuestro ejemplar familiar de *El gato en el sombrero*. La estropeada condición de la cubierta es un testimonio de las innumerables noches en que nuestros hijos seleccionaron este volumen rítmico para leer en el momento de acostarse. Me entusiasmé cuando nuestra hija mayor, Sarah, finalmente se graduó del Dr. Seuss y comenzamos a devorar capítulos de libros.

Primero recorrimos las *Crónicas de Narnia* de C. S. Lewis. Más tarde, cuando Andrew y Alex llegaron a sus años de escuela primaria, regresé a estas aventuras de Narnia de caballos que hablan, príncipes jóvenes, barcos poderosos, castillos formidables e intensas batallas.

Estos libros bien aprovechados aún viven en mi estantería, y siento nostalgia cuando veo la desgastada y muy manoseada colección. Mis tres hijos que se acurrucaban conmigo en el sofá son ahora veinteañeros, están casados y dos de ellos son padres. Los ejemplares desgastados me recuerdan las horas que pasamos leyendo juntos. Me digo: *Esto es algo que hice bien*.

Estoy seguro de que no estoy solo cuando confieso que mis recuerdos de disfrutar a mis hijos están sombreados por el pesar de haber perdido mucho. Lamento haberme preocupado durante esas noches en que físicamente estaba en el comedor pero mi mente estaba a kilómetros de distancia. Lamento aquellos momentos irrecuperables en que estaba allí, pero no realmente allí.

Estoy muy contento de que jugáramos luchando, hiciéramos fogatas y disfrutáramos excursiones en parques de la región. Pero temo que estuve emocionalmente lejos gran parte del tiempo. Ahora que mis hijos son adultos, deseo lo imposible: poder retroceder el reloj y "volver a vivir esos momentos".

Pero durante las noches que pasamos leyendo, estuve totalmente presente… atrapado en el mismo drama, absorbido por la historia que se desarrollaba. Y leer produjo proximidad física, algo raro mientras los chicos crecían. Pide a un muchacho de segundo grado que se siente a tu lado durante cuarenta y cinco minutos sin moverse, y has invitado a la tortura. Pero abre el capítulo trece, donde Shasta entra en combate contra los calormenes, y has asegurado tiempo acurrucado e ininterrumpido. Uno al lado del otro, todos absortos en la aventura.

Después de destrozar las Crónicas de Narnia, revisamos muchos de los libros de premios Newbery. Leímos *The Slave Dancer* [El bailarín esclavo], *Rifles for Watie* [Rifles para Watie], *Out of the Dust* [Salido del polvo], y *Number the Stars* [Contemos las estrellas]. Estas historias abrieron ventanas de descubrimiento a períodos históricos de la trata de esclavos, la Guerra Civil estadounidense, la gran sequía, y el Holocausto judío.

Esto es algo que creo haber hecho bien. Pero fue en medio de infinidad de momentos que me perdí. Mientras logramos y obtenemos, planificamos y perseguimos, es posible perder el gozo justo frente a nosotros.

NO TE PIERDAS ESTO

Una joven madre se aventura en una expedición de compras de comestibles con dos niños pequeños. Ese día, su bebé de nueve meses y el pequeño de tres años no son compañeros cooperadores de compras.

Entonces una mujer anciana espía al agotado trío y se mueve hacia ellos. "Vas a extrañar esto", le dice sonriendo a la exhausta mamá, quien asiente respetuosamente con la cabeza, pero piensa: *¿Estás loca?*

¿Por qué la anciana predice que se extrañarán estos días? Creo que podría haber un par de razones. En primer lugar, es probable que haya olvidado las partes difíciles: las narices congestionadas, los terribles dos años y los cambios de pañal en medio de la noche. Es importante mencionar esto porque tendemos a idealizar el pasado. Está claro que algunos elementos de la crianza son agotadores, frustrantes y enloquecedores. Aspectos que no tenemos interés en repetir.

Pero creo que hay una segunda razón para el comentario de la anciana consejera. Echa de menos a los hijos pequeños y sabe que nunca los volverá a tener.

Sé que parece un cliché, pero los niños crecen más rápido de lo que puedes imaginar. Empiezan muy pequeños. Manos diminutas. Pies minúsculos. Los llevas del hospital a casa, y cuando los pones en tu regazo fácilmente caben entre tu cintura y tus rodillas. Increíblemente pequeños. Entonces das un par de vueltas, y ellos están matriculados en el jardín de infantes. ¿Cómo sucedió esto? Miras hacia otro lado, y de repente están en el colegio, luego conduciendo, después usando toga y bonete, y entonces crecen y se van. Te preguntas a dónde fue el tiempo.

Al hablar con papás jóvenes, a menudo planteo un problema de matemáticas: "Si tu hijo fuera a salir de tu casa a los dieciocho años, ¿a qué edad habrás pasado la mitad de la cantidad de tiempo que pasarás con él?".

Por lo general tengo que repetir la pregunta, porque la respuesta parece muy obvia. Después de un segundo, el papá contesta: "A los nueve años. Es mitad de camino de los dieciocho".

Ah, sí, pero la cantidad real de tiempo que pasan en tu compañía disminuye cuando entran a la escuela. Cuando empiezan a salir con amigos, a participar en deportes o en el grupo de jóvenes, o al ir a un campamento durante una semana en el verano, el tiempo que tus hijos pasan en tu presencia comienza a disminuir. Se evapora aún más cuando entran al colegio. Luego empiezan a conducir, y tu casa se convierte en un hotel.

¿Cuál es entonces la respuesta correcta? Imagino que muchos de nosotros alcanzamos el punto medio, en horas verdaderas, cuando nuestro hijo tiene unos seis años. Por tanto, una advertencia si tienes hijos pequeños: No pierdas esta ocasión. En tu preocupación por convertirte en socio, levantar una iglesia, terminar tu disertación o mantener funcionando una casa, no te pierdas esta vivencia. Nunca volverán a tener este tamaño, y no volverás a tener tanto tiempo con ellos.

Bueno, quizás tengas hijos pequeños, pero leerles posiblemente no es lo que te unirá a ellos. Tal vez sea montar bicicleta, salir a caminar, oír música o cocinar. ¡Pero encuentra algo! Descubre un placer común y repítelo una vez tras otra. El tiempo se mueve a velocidad vertiginosa. Giras la cabeza y ellos han crecido y se han ido.

No te pierdas esta vivencia.

TU INVERSIÓN ACTUAL

Una vez más, tu reto actual tal vez no sea criar hijos. Este capítulo podría entrar a tu vida mientras conduces cada semana a un asilo para visitar a un padre, mientras te preparas para recibir consejería prematrimonial o mientras cuidas una nieta dos días a la semana. Pero aún estamos siguiendo el mismo principio. Gran parte de la vida fiel consiste en dedicarnos una y otra vez a tareas no espectaculares. Se trata del poder de estar presente. De escuchar. De oír. De amar constantemente.

Actúa pronto. El tiempo vuela. La oportunidad se evapora. Asegúrate de no perderte esto. Tómate el tiempo para hacer cosas pequeñas día tras día, semana tras semana, año tras año.

MEDITACIÓN

¿Qué miembro de tu familia podría estar particularmente en necesidad de tu atención o tu amor en esta época de tu vida? Ajusta tu enfoque para que puedas tomar acción específica e inmediata con esa persona. ¿Tienes un padre solo que insinúa la necesidad de tu compañía? ¿Es esta quizás la época para intensificar el tiempo con un nieto a fin de conceder un poco de margen para tus propios hijos? ¿Está uno de tus hijos batallando un poco ahora mismo y podría beneficiarse realmente de alguna atención extra?

Tómate un momento para identificar un nombre.

____

Reflexiona ahora en una manera de involucrar a esta persona. Piensa en una actividad, un suceso o una rutina nueva que puedan realizar juntos para edificar esa relación.

* ____

* ____

* ____

* ____

DÍA 20:

CÓMO CURAMOS

EN NUESTRA CONVERSACIÓN ACERCA DE RELACIONES vivificantes es importante reconocer que las amistades pueden ser algunas de nuestras fuentes más grandes de dolor y confusión. Cuando amas y sirves fielmente a la gente por un período extendido, podrías enfrentar la tentación real de lanzar la toalla a causa de perjuicios repetidos.

En la Semana Cinco hablaremos de grandes errores que amenazan con descarriarnos. Esa será una conversación crucial, porque hay legiones de hombres y mujeres cuyas vidas e influencia están comprometidas por un fracaso moral o un desastre ético del cual nunca se recuperan por completo. Pero aquí, al concluir la Semana Cuatro, quiero mencionar otra forma de terminar mal. No es un solo error lamentable el que hace derrumbar el mundo que nos rodea, sino una herida lenta y constante del espíritu. Renunciamos porque estamos cansados de ser lastimados. Nos alejamos no debido a una equivocación enorme y descalificadora, sino al efecto acumulado de heridas no curadas.

Comencemos esta conversación con una revisión de la realidad. Si amas y sirves debidamente a la gente, resultarás herido. En *Los cuatro amores*, C. S. Lewis escribió:

> Amar, de cualquier manera, es ser vulnerable. Basta con que amemos algo para que nuestro corazón, con seguridad, se retuerza y, posiblemente, se rompa. Si uno quiere estar seguro de mantenerlo intacto, no debe dar su corazón a nadie, ni siquiera a un animal. Hay que rodearlo cuidadosamente de caprichos y de pequeños lujos; evitar todo compromiso; guardarlo a buen recaudo bajo llave en el cofre o en el ataúd de nuestro egoísmo.[11]

Amar es poner en riesgo tu corazón. El dolor relacional es inevitable para quienes abren sus corazones a otros. Esta realidad nos ayuda a entender otra barrera importante para terminar la carrera.

LA REALIDAD DUELE

Muchos empezamos nuestra vida laboral o ministerial con idealismo juvenil; no un sueño utópico, claro está, sino una expectación de que las personas guardarán la compostura. Después, la realidad duele, y nos volvemos personas y organizaciones escépticas. Sin corregir, nuestro escepticismo corre cuesta abajo, creando un foso profundo y sombrío de cinismo. Este pantano lúgubre es una base lamentable para amar, servir y dirigir a otros.

¿Cómo entonces sanamos de esto? ¿Podemos recuperarnos en una forma que nos deje afables y accesibles? ¿Resistentes? ¿O nos endurecemos, negándonos a permitir que alguien se nos acerque tanto que nos haga daño? Sanar bien es crucial para terminar bien.

EL CÁNTICO DE LA TRAICIÓN

En el Salmo 55, el rey David de Jerusalén escribió el lamento de una

11. C. S. Lewis, *Los cuatro amores* (Madrid: RIALP, 2005), p. 135.

tortura. Su triste canción nos cuenta no solamente la historia de la herida de una traición, sino que también nos muestra la guía extraordinaria para la curación del corazón herido.

Escucha primero su historia de dolor:

> No me afrentó un enemigo,
> Lo cual habría soportado;
> Ni se alzó contra mí el que me aborrecía,
> Porque me hubiera ocultado de él;
> Sino tú, hombre, al parecer íntimo mío,
> Mi guía, y mi familiar;
> Que juntos comunicábamos dulcemente los secretos,
> Y andábamos en amistad en la casa de Dios (Sal. 55:12-14).

David está dolido. Lo ha herido un compañero. No un enemigo ni un adversario, sino un amigo querido. El tipo de amigo con quien una vez tuvo un fuerte vínculo espiritual. La herida de David es una de las más dolorosas de la vida: descubrir que alguien en quien confías se ha vuelto contra ti.

No hay vida sin dolor. Ponte a amar y servir, y es solo cuestión de tiempo que te laceren púas dañinas de algo que te dicen o que comentan a otros acerca de ti o que te entristezca la partida de un colega amado con quien imaginaste disfrutar mucho tiempo más. Pequeñas quejas causan estragos. El susurro de un chisme perjudica tu reputación. Te maltratan en una reunión o sufres cuando tu partidario más ferviente se convierte en tu crítico más fuerte.

Desatendidas, nuestras heridas se enconan. Si las dejamos a su suerte, se infectan. *Nos* infectamos. Tal vez sigamos liderando, pero nos volvemos como hierro fundido, y nos escudamos ante la posibilidad de futuras heridas. Nos volvemos inaccesibles y distantes. Amargados.

¿Cómo sanas esa clase de dolor? ¿Hacia dónde puedes volver tu corazón cuando te sientes engañado y desilusionado?

Gordon MacDonald confiesa con sabiduría: "Debemos admitir que, en el proceso de liderar, hay momentos de extrema desilusión y decepción cuando las personas que lideramos no viven totalmente a la altura de nuestras expectativas".[12]

MacDonald afirma que es sabio preguntar cómo los líderes del pasado "resolvieron la ira, el desánimo y el espíritu de culpa que amenazaban con agobiar sus almas".[13]

Ante este abrumador desafío, ¿a dónde llevó el rey David su dolor? ¿Cómo resolvió su ira, su desilusión y la culpa?

CONFIANZA FIRME

Volvamos al canto de David, donde la confianza firme surge de la melodía:

> En cuanto a mí, a Dios clamaré;
> Y Jehová me salvará.
> Tarde y mañana y a mediodía oraré y clamaré,
> Y él oirá mi voz (Sal. 55:16-17).

El traicionado rey clama a Dios. Como sabe que el dolor y la confusión están más allá de su propia capacidad de sanar, invita a su Dios a la situación desesperadamente confusa. Le suplica ayuda al Señor en esta desilusión abrumadora. Corre hacia Él para hallar rescate.

Pero no supongamos que este es un proceso rápido o fácil. David clama a Dios "tarde y mañana y a mediodía". Esta no era la clase de herida curada por una sola oración. En su confusa tristeza, David clama a Dios en las últimas horas del día, cuando el sol se levanta en

12. MacDonald, *Building Below the Waterline*, p. 132.
13. *Ibíd.*

la mañana y en la rutina de sus responsabilidades de mediodía. Tengo la sensación de que esto era lo último en que pensaba al ir a dormir en la noche y lo primero que entraba en su mente cuando sus pies tocaban el suelo en la mañana.

El cántico del rey gotea dolor y confianza. Asegura que el Señor "oirá mi voz".

David deposita su ansiedad en su Señor. Su Dios misericordioso oye. El Creador lo sostiene para dirigir y servir otro día más.

CONSEJO VIVIFICANTE

El sabio rey vuelve ahora su atención al oyente. Hasta este momento, el salmo ha narrado el dolor y la sanidad de David. Ahora se vuelve descriptivo. Ofrece consejo a los heridos y traicionados. "Echa sobre Jehová tu carga, y él te sustentará" (Sal. 55:22).

¿Cómo sanar eficazmente? Sin duda, la respuesta es multifacética. La curación puede involucrar la gracia de amigos fiables y tal vez la guía de un consejero. Pero no pases por alto lo evidente. Echa tus preocupaciones sobre el Señor. Una vida fiel y duradera requiere un diálogo continuo con nuestro Señor, quien guía, ama y cura.

¿A dónde te vuelves entonces cuando estás herido, magullado y golpeado? ¿Dónde miras cuando abandonar la carrera es una alternativa atractiva ante la posibilidad de incurrir en dolor futuro?

No quiero que esto parezca algo trivial o sentimental, pero nuestras posibilidades de permanecer en la carrera suben de manera dramática cuando participamos en conversaciones brutalmente sinceras con Dios acerca de cómo van las cosas. Nos desahogamos, lloramos y quizás vociferamos por lo que está sucediendo, y por cómo nos *sentimos* respecto a lo que está pasando.

Escucha otra vez al siervo herido, pero curado por Dios:

En cuanto a mí, a Dios clamaré…
Tarde y mañana y a mediodía oraré y clamaré,
Y él oirá mi voz.

Dios escucha. Sostiene. Da las fuerzas para recorrer un kilómetro más.

Nos brinda la misericordia de permanecer en la carrera.

MEDITACIÓN

¿De qué podrías necesitar sanidad? ¿Alguien que te hirió? ¿Sueños que no se han realizado? ¿Escepticismo o negatividad que han entrado en tu vida? Escríbelo aquí.

____

____

____

____

¿A dónde puedes acudir por sanidad? ¿Cómo promete Dios llevarte a través de esta temporada de la vida?

____

____

____

____

SEMANA CINCO:

FRACTURAS POR ESTRÉS

ACCIDENTES Y HERIDAS

Cada julio, los mejores ciclistas del mundo compiten en el Tour de Francia, tal vez la carrera de resistencia más agotadora del planeta. La ruta cubre más de tres mil quinientos kilómetros en veintiuna etapas durante veintitrés días. Los ciclistas son llevados al límite sobre agotadores pasos de montaña y duras pruebas de tiempo.

En el sitio oficial del Tour de Francia puedes ver los líderes de cada etapa. También puedes ver una lista de los que se retiran de la carrera. En tres semanas de agotadora competencia, las lesiones y los accidentes cobran su cuota. No todos los que empiezan la carrera la concluyen.

Tal vez no seas ciclista de talla mundial, pero si vas tras una vida de fidelidad te verás en una difícil carrera de resistencia. Es desalentador recordar que no todos llegarán a la meta final.

En la Semana Cinco exploraremos algunos de los accidentes y las heridas más comunes que obligan a personas buenas a salir de la carrera.

DÍA 21:

LA META

EN GRAND RAPIDS, MICHIGAN, CADA AÑO MILES DE atletas compiten en la carrera de 25 kilómetros de River Bank. Corren participantes de talla mundial, pero muchos de los corredores simplemente compiten contra el kilometraje, deseando marcar un logro de aptitud, que es tanto retador como gratificante.

Debido a que la carrera se realiza a principios de mayo, la preparación empieza en pleno invierno en Michigan. Créeme, este no es un clima particularmente agradable para entrenar. En consecuencia, la satisfacción de cruzar la meta final no solo es terminar la carrera, sino también celebrar el logro exitoso de meses de penosa preparación.

Cientos de participantes empiezan sus carreras de corredores solo meses antes de la competencia. Se arman de motivación para soportar un régimen de entrenamiento de invierno, construyendo gradualmente su base de estado físico, y aumentando su kilometraje semana a semana. Entonces, el día de la carrera, muchos corren más rápido de lo que alguna vez corrieron en un trayecto en sus vidas.

La ruta te aleja de la ciudad, hacia el oeste junto al Grand River, antes de volver a la población. El distante horizonte parece imposiblemente lejano. En los ochocientos metros finales subes por la avenida Ottawa, y logras ver la meta final. Haces acopio de todas las fuerzas que te quedan y aceleras los últimos cien metros.

Cuando cruzas la meta, un voluntario te recibe con una medalla de finalista.

He completado la carrera de River Bank unas veinte veces y he descubierto un apego cómico sentimental a mi medalla de finalista. Al instante, ese premio se convierte en una posesión apreciada, más valiosa que mi auto, mi diploma universitario, mi casa o mi hijo primogénito. Exagero un poco, pero captas la idea. Corrí con un conocido cuya esposa llevaba puesta todo el día la medalla que ella había ganado. Un amigo de unos veinticinco años dormía con su medalla.

Bueno, debo repetir que esta es una medalla de *finalista*. No es un trofeo por llegar primero, segundo o tercero. Ni siquiera es un premio reservado para aquellos que se ubican bien en su grupo de edad. Todos los que terminan esta carrera obtienen uno de estos preciados medallones, que reparten por miles. No importa que tres mil personas más posean una medalla idéntica. ¡Lo lograste! ¡Terminaste esta carrera!

TERMINA BIEN

La expresión "termina bien" se siente trillada por el uso excesivo. Cuando imágenes poderosas se convierten en cliché, nos volvemos inmunes a su fuerza. Pero descubro que la imagen de esta carrera capta mi anhelo profundo de amar y servir durante mucho tiempo sin que mi espíritu se envenene por resentimiento, apatía o cinismo. También aspiro a terminar mi carrera, por larga que pueda ser, sin añadir demasiado desastre a mi currículum.

Ansío terminar bien, y soy muy consciente de que no todos lo logran. Me sorprende un poco que después de años de ministerio fiel, el apóstol Pablo todavía consideraba la eliminación como una posibilidad. A una comunidad de Jesús en el sur de Grecia, Pablo escribió:

"Yo de esta manera corro, no como a la ventura; de esta manera peleo, no como quien golpea el aire, sino que golpeo mi cuerpo, y lo pongo en servidumbre, *no sea que* habiendo sido heraldo para otros, *yo mismo venga a ser eliminado*" (1 Co. 9:26-27).

Pablo adoptó un riguroso entrenamiento espiritual (corro... peleo... golpeo mi cuerpo) para asegurarse de no ser eliminado. No quería que lo despojaran de su medalla. Quería terminar su carrera.

En otra ocasión, Pablo utilizó imágenes olímpicas cuando se despedía con lágrimas de los líderes de la iglesia en Éfeso. Seguro de que no volvería a ver a sus amados amigos, el apóstol también estaba convencido de que enfrentaría graves dificultades y prisión en su futuro cercano. La situación parecía sombría para el siervo experimentado. ¿Qué anhelaba Pablo en esta etapa de su ministerio? ¡Terminar la carrera! "De ninguna cosa hago caso, ni estimo preciosa mi vida para mí mismo, *con tal que acabe mi carrera* con gozo, y el ministerio que recibí del Señor Jesús, para dar testimonio del evangelio de la gracia de Dios" (Hch. 20:24).

Parado en la costa oriental del mar Egeo, el apóstol Pablo se despidió de sus queridos amigos de Éfeso. ¿Su deseo? ¡Terminar la carrera! Tenía un trabajo que concluir, un kilometraje aún por correr. Él resumió su carrera particular como "dar testimonio del evangelio de la gracia de Dios".

Gracia es ese aspecto del carácter de Dios que es ampliamente generoso. Él da, da y da. Pablo miraba hacia delante a una lejana meta final. Su objetivo era utilizar hasta su última pizca de energía, cada respiración, para describir a otros la generosidad de Dios al enviarnos a Jesús.

Seamos sinceros: muchas de las carreras en que participamos son decididamente menos nobles. Corremos para comprar más de lo que ya tenemos en abundancia o para ganar aprobación, o competimos por popularidad. ¿La carrera de Pablo? Con desesperación quería que la gente comprendiera la generosidad de Dios que se descubre en

Jesús el Cristo. Esa era la prueba de Pablo, quien anhelaba su medalla de finalista.

Hacia el final de su vida, Pablo escribió desde una cárcel romana a su colega Timoteo. Pablo creía que su tiempo en la tierra era corto. Escucha al corredor:

> He peleado la buena batalla, *he acabado la carrera,* he guardado la fe. Por lo demás, me está guardada la corona de justicia, la cual me dará el Señor, juez justo, en aquel día; y no sólo a mí, sino también a todos los que aman su venida (2 Ti. 4:7-8).

Pablo levantó la mirada para ver los últimos metros de su carrera, la meta final, y la medalla que le esperaba allí. Con profunda satisfacción anunció: "He acabado la carrera".

¿ESTÁS AÚN EN LA CARRERA?

Los próximos capítulos son posiblemente los más aleccionadores del libro porque tratan de las vidas secretas que llevamos, la amenaza del fracaso moral y la diligencia requerida para mantener el rumbo. Por favor, que tu corazón muestre sumisión y humildad hacia estos capítulos.

Desde lo profundo de mi corazón, anhelo que termines la carrera que Dios te ha llamado a correr. Una medalla de finalista te espera. Anhelo que acabes bien.

MEDITACIÓN

¿Estás aún en la carrera? ¿Cómo tratas las desilusiones que es inevitable que lleguen a tu camino? ¿Están tus heridas supurando o curadas?

¿Cuidas de tu propia alma para que puedas cuidar de otras almas? ¿Sientes la tentación de salirte de la pista? ¿Terminarás bien? Escribe aquí algunos de tus pensamientos.

____

____

____

____

____

____

Mientras nos preparamos para empezar juntos esta próxima semana, lee por favor en voz alta la siguiente oración:

> Misericordioso Señor, confieso mi necesidad diaria de tu fortaleza y tu gracia en mi vida. Estoy perdido sin tu provisión y tu protección diarias. Dame por favor un espíritu humilde y dócil esta semana. Suaviza mi corazón para oír claramente tu voz. Anhelo acabar bien. Amén.

> Solo somos lo que somos en la oscuridad; todo el resto es reputación.
>
> Lo que Dios mira es lo que somos en lo íntimo:
> las imaginaciones de nuestras mentes;
> los pensamientos de nuestro corazón;
> los hábitos de nuestros cuerpos;
> esto es lo que nos marca ante los ojos de Dios.[14]

Así, los seis nos detuvimos al lado de los antiguos cimientos del granero y hablamos de nuestros mundos públicos y nuestros mundos privados; de lo que está sobre la superficie y lo que yace por debajo de ella. Tomo la conversación muy en serio, creyendo que las expectativas deben ser sumamente altas. Los hábitos privados de estos cinco hombres afectan en gran manera la salud y la vitalidad de cinco congregaciones. Y aparte de la influencia en sus iglesias, las vidas ocultas de estos cinco hombres afectarán sus familias; en conjunto, tienen más de una docena de hijos. Tengo la esperanza de que nuestra conversación evite alguna tragedia futura, y que podamos detectar patrones de pecado y erradicarlos siendo aún pequeños y operables.

Mientras estamos en el sitio del antiguo granero, hablamos abiertamente de nuestras luchas y nuestros retos. Comunicamos la tentación continua, los éxitos y fracasos. Hablamos de nuestros cimientos, la parte que nadie ve. O más bien, que nadie ve por el momento pero que algún día podría quedar al descubierto en una forma que no podemos predecir o controlar.

Así que caminamos, nos detenemos, y conversamos. Hablamos de quiénes somos cuando nadie está observando y de lo importante que esto es. Ojalá todo el mundo tuviera un espacio para un diálogo tan sincero.

---

14. Oswald Chambers, "The Ministry of the Unnoticed", *The Love of God: An Intimate Look at the Father-Heart of God* en The Complete Words of Oswald Chambers (Grand Rapids: Discovery House, 2000), p. 669.

¿QUÉ HAY DEBAJO DE LA SUPERFICIE?

Es importante preguntarnos de vez en cuando qué se gesta debajo de la superficie de nuestra vida. Esa parte nuestra que nadie ve. Recuerda el pasaje de Proverbios que exploramos el Día 12: "Sobre toda cosa guardada, guarda tu corazón; porque de él mana la vida" (Pr. 4:23).

¿Cuál es la condición de tu corazón? ¿Está creciendo alguna amargura que amenaza con envenenar tus relaciones? ¿Supuran heridas no atendidas y no cicatrizadas? ¿Hay lujuria? ¿Hay pecados ocultos albergados, que solo Dios observa? ¿Qué está creciendo debajo de la superficie?

Este es también el espacio donde nos callamos delante de nuestro Creador, donde suplicamos misericordia, confesando lo que no está bien. Nuestros corazones son el suelo donde crece la gracia, donde las raíces sanas se hunden profundamente, alimentando la vida sobre el suelo.

Rara vez alguien admira el cimiento al pasar por una casa; pero este es el que sostiene el resto de la estructura. Una vida pública perdurable se apoya en una vida privada vigilante.

SÚPLICA

¿Qué encontraste al mirar debajo de la superficie de tu vida? ¿Reconociste la presencia de algo que te atribula profundamente: una actitud venenosa, una herida abierta, un hábito vergonzoso o una adicción secreta? Si estás leyendo esto y crees haber arruinado de veras las cosas, acércate por favor a quienes te aman y pueden ayudarte a salir de las tinieblas. Sabes que tu primer impulso será encubrir tu desastre y mantener ocultos tus problemas. La amenaza de quedar al descubierto puede ser paralizante.

Aquí nos enfrentamos a un reto monstruoso. Un comportamiento destructivo y oculto drena nuestra vida. Pero exponer voluntariamente nuestras tinieblas a alguien parece algo suicida. Puede ser largo, difícil, complicado y doloroso, pero te suplico que trates lo que crece en tu mundo privado. Te ruego que busques la sabiduría de un amigo, pastor o consejero experto que pueda hablar de la misericordia y la dirección de Dios en tu vida. Es muy improbable que encuentres la manera de salir de eso por tu cuenta.

Confía en que haya alguien que pueda entrar al enredo y caminar contigo hacia la santidad y curación. Confía en que Dios no ha acabado tu historia. Confía en que a menudo la transformación duradera y vivificante se encuentra al otro lado de una revelación vergonzosa. Confía en que la gracia redentora de Dios desea llevarte a casa y que Él te mostrará evidencia convincente de su misericordia a lo largo del sendero.

Cree que hay esperanza. Recuerda que muchos que terminan bien sufrieron un revés inquietante en los kilómetros intermedios. No es demasiado tarde para volver a la carrera. Nunca es demasiado tarde para empezar a construir un nuevo cimiento.

MEDITACIÓN

Reflexiona en tu cimiento. ¿Qué ves al mirar debajo de la superficie de tu vida? Si ves un enredo (algo que no puedes solucionar por ti mismo), necesitas a alguien a quien puedas acudir por ayuda. Escribe los nombres de varias personas con quienes puedas contar cuando tu cimiento empiece a agrietarse o desmoronarse.

____

____

____

DÍA 23:

LA CAÍDA

AL CONCLUIR UNA REUNIÓN DOMINICAL EN NUESTRO pequeño instituto bíblico, convocaron a seis de nosotros a la oficina del diácono de estudiantes. Éramos de la misma comunidad del norte de California, y nuestro temor inmediato era que hubiera habido un accidente y nos reunieran para recibir colectivamente la trágica noticia.

En cambio, el diácono nos informó que un amado pastor de nuestra región había caído moralmente. La noticia nos dejó aturdidos y tristes; en varios campamentos y retiros, los mensajes de ese pastor habían tenido gran importancia en todos nosotros. Él había sido una voz guía en nuestros años adolescentes. No se trataba de una personalidad lejana, sino de un líder a quien amábamos. Conocíamos a sus hijos. Sufrimos por lo que su familia y su iglesia estarían pasando. La aventura amorosa acabó con el matrimonio de este hombre y, hasta donde sé, nunca regresó al ministerio.

Este es mi primer recuerdo de haberme enterado de que alguien en quien confiaba había perdido moralmente su camino.

Tú y yo somos ingenuos si nos creemos inmunes al fracaso moral, si de alguna manera nos creemos incapaces de devastar a quienes amamos y servimos. Una caída puede sucederle a cualquiera de nosotros.

Por supuesto, hay otras formas de hacer que una vida zozobre:

- Un estudiante universitario es expulsado por inventar datos en un proyecto de investigación.
- Un vendedor es arrestado por mal uso de su cuenta de gastos.
- Un entrenador renuncia cuando sus diatribas explosivas son grabadas.
- Una noche de excesos resulta en suspensión de una licencia de conducir, una enorme multa y la posibilidad de pasar un tiempo en la cárcel.

Creo que captaste la idea. Podemos descarrilar nuestra eficacia y dañar nuestra influencia en varias maneras creativas. Pero en nuestra conversación sobre terminar bien debo marcar una amenaza particular. Específicamente, deseo plantear una conversación acerca de por qué el fracaso moral es tan común, y qué puedes hacer para reducir las posibilidades de aparecer en esta lista creciente de víctimas. De todas las maneras de desmoronar nuestras vidas y destruir nuestra reputación, el fracaso moral parece encabezar las listas. Es como algo epidémico.

¿Por qué parece que esto sucede con tanta regularidad? Averigüémoslo analizando la anatomía de una aventura amorosa.

ANATOMÍA DE UNA AVENTURA AMOROSA

Han trabajado en el mismo complejo de oficinas durante más de dos años, casi sin ponerse atención. Pero en la reciente reestructuración de la empresa, sus departamentos se fusionaron. Mercadeo y ventas están ahora en el mismo piso, y tienen el mismo salón de descanso y el mismo personal de apoyo. A medida que empiezan a interactuar uno con otro, el término "admiración mutua" describe mejor su relación. Ella es inteligente, competente y divertida. Él es expresivo, cariñoso e ingenioso. Se admiran mutuamente. Eso es todo.

Cuando empiezan a colaborar en proyectos, él le pregunta por su vida: intereses, pasatiempos y educación; se interesa auténticamente y escucha con atención. Este obsequio de atención enfocada es algo que ella siente que su esposo casi nunca le provee. En su matrimonio de doce años se siente infravalorada y subestimada. Tampoco se siente escuchada.

Sin embargo, en el trabajo ella siente como si alguien hubiera abierto una ventana. Oxígeno fresco llena el salón. Su nuevo colega le agradece de corazón su minuciosidad y habilidad para ver creativamente un problema. Simplemente al ofrecerle ánimo y aprecio, está alimentando en ella su anhelo de sentirse notada y disfrutada. Sin tomar una decisión consciente, la mujer comienza a seleccionar su ropa de trabajo con mayor cuidado.

Ahora exploremos por un momento la vida del hombre. El otro extremo de su recorrido diario al trabajo es bastante menos afirmativo de lo que experimenta de parte de su nueva y enérgica colega.

El matrimonio de él no podría catalogarse como horrible, solo plagado de los retos crónicos de cualquier relación perdurable. Esperándolo en casa hay una conversación acerca de una factura vencida de tarjeta de crédito, y una pregunta respecto a cuándo él arreglará la llave que gotea. El intercambio nocturno concluye con una exasperante comprensión de que una conferencia entre padres y maestros está en conflicto con la próxima reunión de ventas.

Además, el hombre está cansado. Reuniones, decisiones y citas lo han agotado. Siente poca energía y motivación para proveer lo que ha dado en la oficina: atención centrada, afirmación y contacto visual. Y para ser sincero, anhela sentirse valorado.

Al día siguiente en la oficina, las dos personas en cuestión vierten su energía en una presentación conjunta. Aunque su labor es intensa, se sienten reabastecidos y refrescados. Ríen. La presentación es para un cliente potencial en otra ciudad. Ambos anhelan un descanso de la oficina, la oportunidad de traer nuevos negocios a la empresa, y tiempo entre ellos. Viajarán juntos, se alojarán en el mismo hotel, y disfrutarán un vaso de vino bien merecido al final de un largo día.

CEGUERA

Bueno, si alguien en la oficina sugiriera que algo ilícito podría estar gestándose, lo negarían con vehemencia. ¿Por qué? Porque *ellos* no creen que algo esté pasando. No ven que ambos están emocionalmente hambrientos y dependientes uno del otro para recibir combustible emocional.

Al hacer los ajustes finales a la presentación y empacar sus equipajes de mano, se encuentran ajenos a la realidad de que el enredo emocional que está absorbiéndolos podría resultar en la destrucción de dos familias.

La afirmación embriaga, perjudicando nuestro juicio. Comenzamos un deslizamiento trágico, sintiendo que nos están empujando hacia algo sano, pleno y estimulante. El corazón es susceptible al autoengaño masivo.

CORAZÓN ERRANTE

La mayoría de aventuras amorosas no empiezan con una reunión en la habitación de un hotel. Por lo general comienzan en maneras mucho más sutiles e inocentes.

Si tienes hambre de relación emocional, si estás solo y cansado, la afirmación de alguien que encuentras incluso ligeramente atractivo puede ser como una droga. Ansiamos más de ello y comenzamos a organizar nuestros horarios y patrones de tráfico para estar cerca de la persona que nos hace sentir valorados y valiosos. De manera consciente o subconsciente, empezamos a organizar nuestras semanas alrededor de conseguir nuestra siguiente dosis.

Un comentario especial para quienes están en el ministerio... Si entraste al ministerio anhelando ser necesario (lo cual es muy común), y si quieres influir en la gente a través de un vínculo sincero y auténtico (lo cual resulta ser gran parte del ministerio), y tienes dificultad para relacionarte profundamente con tu cónyuge y tus amigos (lo cual también es común), entonces estás listo para una caída.

Se requiere una vigilancia seria para mantenerse en el buen camino. No existe fórmula segura a prueba de aventuras amorosas en tu vida, pero en el próximo capítulo brindaré algunas prácticas que podrían incrementar tus posibilidades de terminar bien.

Al reflexionar en la reunión de mi primer año en el instituto bíblico en la oficina del diácono, sé que desesperadamente quiero evitar que un día reúnan a quienes he amado y servido para que oigan tal anuncio acerca de mí. ¿Cómo puedes guardar *tu* corazón a fin de que una revelación de esa naturaleza nunca se haga respecto a ti, cualquiera que sea tu trabajo o tu llamado? Anhelo que evites ese día, con su dolor, traición y consecuencias. Lee por favor con atención y oración el próximo capítulo. Si escuchas, el consejo podría rescatarte de mucho dolor.

MEDITACIÓN

Mientras piensas ahora mismo en tu vida, ¿dónde estás en posible peligro? Reflexiona en cómo tu sed de afirmación podría llevarte a tomar decisiones devastadoras. ¿Tienes una relación al parecer "inocente" que podría traer dolor a quienes amas? Pídele a Dios aquí y ahora que elimine cualquier ceguera, y que te dé valor y fuerzas para escapar de cualquier relación que podría hacer que tu vida peligre.

DÍA 24:

EVITA CAER

HE VISTO A MUCHOS QUE TERMINAN LA CARRERA A PESAR de una tremenda caída. Una enorme equivocación no te descarta de terminar bien. Hay una historia redentora que afirma: "Caí de bruces, destruí mi reputación y devasté a mi familia, pero luego me levanté, experimenté la gracia y la sanidad de Dios, y ahora avanzo de nuevo hacia delante".

Esta es una hermosa narración redentora. Habla de la misericordia de Dios y de su corazón restaurador. Pero también hay una narración que espero que evites, una narración que involucra heridas abiertas y horribles cicatrices. Personalmente, prefiero que mi historia diga: "Busqué a diario la misericordia de Dios, y por su compasión evité de algún modo un gran desastre".

ASPECTOS INTELIGENTES

No hay en tu vida una fórmula segura a prueba de aventuras amorosas. Sin embargo, creo que un número de prácticas aumentarán de modo dramático tus posibilidades de evadir la ruina moral.

• Sé consciente

Conócete. Fomenta una creencia sana en tu propia perversidad: tu capacidad de caer. ¡No seas ingenuo! Repite conmigo:

> "No soy inmune. Soy susceptible a una cantidad infinita de autodestrucción. Tengo la capacidad de arruinar mi vida de maneras creativas e inimaginables".

• Cultiva amistades sanas

Aumentamos nuestras posibilidades de fracaso moral cuando soportamos tiempos prolongados de soledad. A menudo somos atraídos a una relación destructiva porque no hemos pasado tiempo, ni hemos gastado energía y esfuerzo invirtiendo en relaciones constructivas. Establece relaciones verdaderas y saludables con tu cónyuge, tus hijos y tus amigos. Es tu responsabilidad cultivar amistades sanas. (Podría ser gratificante volver a reflexionar en los Días 16 y 17, y revisar la importancia de cultivar relaciones vivificantes).

• No andes vacío

Cuidado con un tanque de gasolina perennemente vacío. Si de modo continuo nos vaciamos sin volver a llenar nuestras almas agotadas, llegará el día en que exigiremos: "¡Estoy cuidando de todo el mundo! ¿Quién cuidará de mí?, y una voz tierna y compasiva susurrará: "Yo lo haré".

Andar vacío te predispone al desastre. Hay un momento de agotamiento en que te vuelves indiferente al dolor que estás a punto de infligirte. Si alguien te advierte cuando vas cuesta abajo por un sendero de indiscreción: "¿No te das cuenta de que estás a punto de arruinarte? ¿No ves cómo esta decisión incapacitará a tu cónyuge, tus hijos, tu iglesia?", tu fatigada voz podría vociferar: "¡NO ME IMPORTA!". Cuidado con llegar al punto en que ya no te importe lo que pueda pasar.

• Marca distancia

¿Detectas que alguien que no es tu cónyuge (o alguien casado, si eres soltero) está alimentándote emocionalmente y estás poniéndole atención? Empieza de inmediato a marcar distancia. Es probable que esto te haga sentir mal, porque estar cerca de esa persona te llena en gran manera. Resiste la atracción gravitacional de su órbita. ¡No te dejes llevar! Crea espacio.

El rey Salomón rogó a sus oyentes que se alejaran de una posible aventura amorosa. Oye parte de su consejo de Proverbios 5:

> Ahora pues, hijos, oídme,
> Y no os apartéis de las razones de mi boca.
> Aleja de ella tu camino,
> Y no te acerques a la puerta de su casa (vv. 7-8).

Observa esa última frase: "*No te acerques* a la puerta de su casa". Mantente bien lejos de aquellos ambientes en que fácilmente podrías verte atraído a hacer algo pernicioso.

• No confieses tus sentimientos

Cierta persona te hace sentir importante, divertido o atractivo. Hay una posibilidad de que la hagas sentir valorada, interesante o hermosa. No, y quiero decir NUNCA, le confieses tus sentimientos.

Considera estas preguntas que parecen inocentes:

> "¿No sientes que tenemos algo especial?".

O:

> "¿Te has preguntado alguna vez que si nos hubiéramos conocido antes de casarnos con otras personas, habríamos estado juntos?".

Estas son pruebas. Son versiones adultas de la nota de sexto grado:

Me gustas. ¿Te gusto?
Marca Sí, No o Quizás.

Si alguien te interesa, ni siquiera pienses que algo podría ocurrir entre ustedes. Ningún bien posible puede resultar de eso.

MISERICORDIA COSTOSA

Si fallaste moralmente, ese no tiene que ser el final de tu historia. Por la misericordia de Dios, muchos vuelven a la carrera después de una desastrosa caída. Dios está contando historias de redención a cada paso.

El rey David fue a la cama con la vecina casada, a cuyo marido hizo que lo mataran en batalla para encubrir el embarazo resultante. Al ser confrontado por el profeta Natán, David se arrepintió y reconoció los delitos que había cometido. Los Salmos 32 y 51 son cánticos escritos en esa época, y revelan el corazón destrozado y humilde de David delante de Dios y su anhelo de perdón y limpieza espiritual:

Mi pecado te declaré, y no encubrí mi iniquidad.
Dije: Confesaré mis transgresiones a Jehová;
Y *tú perdonaste la maldad de mi pecado (Sal. 32:5).*

Este es un hermoso cántico de misericordia y restauración después de un fracaso moral. Pero espero que no tengas que cantar estas letras. Tales expresiones de misericordia tienen el alto costo de perjuicio inmenso a nosotros mismos y a otros.

Algunos terminan bien, pero causan enorme dolor a su paso. Haz todo lo posible por evitar esta trama. Pero si has caído gravemente durante el transcurso del camino, debes saber que Dios puede levantarte, quitarte el polvo y correr contigo todo el recorrido hasta la meta final. Su gracia hace esto posible. Regresa a la carrera.

MEDITACIÓN

¿Qué cosas puedes hacer para estar al tanto de posibles obstáculos en tu propia carrera? ¿En qué amistades sanas puedes invertir? ¿Cómo puedes mantener lleno tu tanque para que no andes vacío? ¿Cómo puedes marcar distancia cuando debas hacerlo? Escribe aquí algunos pasos de acción:

DÍA 25:

¿POR QUIÉN ESTÁS LUCHANDO?

NUESTRAS VIDAS CAMBIARON EN MARZO DE 2014 CUANDO Chris y yo nos convertimos en abuelos. Antes de que Preston naciera, yo no había calculado por completo hasta qué punto esta criatura cautivaría nuestros corazones. Dos años después de la llegada de Preston, nos saludaron Cooper y Hazel. Estamos prendados de veras, y esperamos con ansia toda oportunidad para estar con los hijos de nuestros hijos.

Parte del encanto de ser abuelos es que experimentas el gozo intenso sin toda la privación de sueño. Yo había oído docenas de veces la trillada frase graciosa: "Y luego tienes que devolverlos". Pero el cliché es cierto. Pasamos el rato con nuestros nietos en dosis manejables, y luego los devolvemos, libres de las exigencias perpetuas de la crianza.

Pero esta nueva era de la vida me ha dado aún más motivo para pensar en terminar bien. Estaré en mis sesenta y tantos años cuando estos amados niños estén en la escuela primaria. ¿Y qué clase de hombre de sesenta años tendrán? ¿Me encontrarán generoso y amable, o seré un espectro viejo y amargado, gruñón e impaciente? ¿Invitará o repelerá mi semblante? ¿Será el abuelo una alegría o una desgracia? ¿En qué clase de viejo estoy convirtiéndome?

Mis nietos me han dado otra razón para terminar fuerte. Un corazón tóxico aleja a nuestros seres queridos, mientras que un espíritu saludable incita a otros a acercarse. No estoy luchando solo por mí, sino también por aquellos que amo.

RECONSTRUCCIÓN DE MUROS

Al reflexionar en aquellos que dependen de mi fidelidad, me atrae una arenga pronunciada por el personaje bíblico Nehemías. En el año 586 a.C., Jerusalén fue totalmente destruida por el ejército babilonio. Generaciones transcurrieron, y la ciudad permaneció en ruinas. Después de un siglo, Nehemías se esforzó por restaurar el honor, la dignidad, y la seguridad de la ciudad reconstruyendo los muros defensivos que rodeaban Jerusalén.

En Nehemías 4, los muros alcanzan la mitad de su altura, pero los trabajadores están agotados y se sienten incapaces de reunir las fuerzas para completar esta colosal tarea. En este momento crucial, los residentes de Jerusalén se enteran de que los caudillos de la región se preparan para atacar la ciudad. Cuando la crisis se desarrolla, vemos a Nehemías en su mejor momento. He aquí el propio relato de su respuesta: "Entonces por las partes bajas del lugar, detrás del muro, y en los sitios abiertos, puse al pueblo por familias, con sus espadas, con sus lanzas y con sus arcos" (Neh. 4:13).

Esta es una situación desesperada. Nehemías asigna trabajadores para proteger los lugares más vulnerables a lo largo del muro, equipándolos con espadas, lanzas y arcos. Estas armas son útiles en distancias variadas. Un arco puede repeler a un enemigo a cincuenta metros. ¿Pero una espada? Si tienes que usar tu espada, el conflicto se te vino encima. Una espada es cercana y personal. Puedes ver los ojos de tu enemigo, casi sentirle el aliento. A propósito, quienes reconstruyen el muro, y ahora lo protegen, no son soldados profesionales, sino orfebres, perfumistas, granjeros, pastores, etc. ¡Esta gente está asustada!

¿Cómo iba Nehemías a estimular valor en el pueblo?

Observa que él posiciona a los defensores "por familia". ¿Por qué hizo esto? Los dispuso para que pelearan junto a sus primos, tíos, hermanos, padres e hijos. En caso de ataque, tendrían que luchar no solo al lado de sus familias, sino *por* sus familias. Pon atención al discurso de Nehemías: "No temáis delante de ellos; acordaos del Señor, grande y temible, y pelead por vuestros hermanos, por vuestros hijos y por vuestras hijas, por vuestras mujeres y por vuestras casas" (Neh. 4:14).

Considero fascinante que, mientras los reta a defender a sus hijos, hijas y esposas, Nehemías no les dice que se defiendan ellos mismos. Puedo defenderme si huyo y me escondo, pero no puedo defender a *alguien más* si huyo y me escondo.

Encuentro muy motivador el reto de Nehemías. Podemos ser de lo más cobardes y egoístas cuando luchamos tan solo por nosotros mismos. Y podemos ser de lo más valientes cuando luchamos por alguien más.

En su libro *Sobrevivencia*, Laurence Gonzales relata historias escalofriantes de constantes luchas a muerte de sobrevivientes desesperados a la deriva en el mar, hasta perplejos excursionistas perdidos en el desierto. Laurence comunica su entendimiento respecto a quién vive, quién muere, y por qué:

> Ayudar a otra persona es la mejor manera de asegurar tu propia sobrevivencia. Te saca de ti mismo. Te ayuda a levantarte por encima de tus temores. Ahora eres un salvador, no una víctima.[15]

15. Laurence Gonzales, *Deep Survival: Who Lives, Who Dies, and Why* (New York: W. W. Norton, 2003) p. 180. Publicado en español por Desnivel con el título *Sobrevivencia: Quién sobrevive, quién muere, y por qué.*

Esta es una visión profunda. A menudo aunamos esfuerzos en una situación desesperada porque otros dependen de nosotros.

¿POR QUIÉN ESTÁS LUCHANDO?

¿Por quién estás luchando? Esta es una pregunta importante para quienes anhelamos terminar bien la carrera. Después de todo, si nadie cuenta contigo, adelante, tira la toalla. ¿Por qué pasar por todo el trabajo de cultivar un espíritu perdurable o un corazón generoso si nadie depende de ti? *¿Por quién estás luchando?*

Por eso pienso en qué tipo de "viejo" me convertiré... deseo envejecer con gracia debido a las personas en cuyas vidas influyo. El círculo íntimo incluye a mi esposa y mis hijos (y ahora los nietos que se han añadido al grupo). El círculo siguiente está compuesto por amigos cercanos y compañeros de trabajo. Otra esfera abarca la congregación a la cual tengo el privilegio de servir. Sigue otro círculo, uno invisible: aquellos que podrían entrar a mi vida en una década a partir de hoy.

Este último círculo merece atención especial. Debemos guardar nuestros corazones por el bien de quienes aún no hemos conocido, y que actualmente no están en nuestras vidas pero lo estarán algún día. Menciono esto creyendo que los hábitos de hoy afectarán las relaciones futuras aunque actualmente sean desconocidas y no tengan nombre.

Con frecuencia animo a damas y caballeros solteros a realizar esfuerzos por buscar estabilidad económica antes de comprometerse, a fin de aportar disciplina financiera a sus matrimonios futuros. Aliento a esposos y esposas a trabajar en sus problemas de ira antes de que lleguen hijos a sus hogares. La tensión de criar hijos no facilitará el autocontrol emocional. El tiempo de desarrollar un corazón para el ministerio es años antes de entrar al ministerio.

Estoy convirtiéndome en la persona que seré. Las decisiones de mi corazón en el presente forjan el hombre que seré mañana. Mi eficacia, amor y años de servicio a partir de ahora crecerán a partir de las semillas que plante hoy.

Pero esto solo funciona como una motivación si estoy luchando por alguien que no sea yo.

¿Por quién entonces estás luchando hoy? ¿Quién depende de tu valor y persistencia? ¿La vida de quién se fortalece con la tuya?

Por eso debes anhelar terminar bien. No se trata solo de ti. Tu vida está entretejida con las vidas de otras personas. Incluso las de quienes aún no has conocido. Por tanto, no luches solo por ti. Lucha también por aquellos cuyas vidas son enriquecidas por la tuya.

MEDITACIÓN

Haz una lista de aquellos cuyas vidas están influidas por tu estabilidad fiel. Enumera los nombres de aquellos cuyas vidas están influidas por la tuya. Enumera miembros de tu familia inmediata, personas en tu grupo de amigos, individuos a quienes sirves y diriges. Además de enumerar a aquellos en tu círculo íntimo, nombra a los que están en tu segundo y tercer círculo de influencia.

Círculo íntimo: Familia inmediata

* ____________________ * ____________________

* ____________________ * ____________________

* ____________________ * ____________________

Segundo círculo: Amigos cercanos

* ____________________ * ____________________

* ____________________ * ____________________

Tercer círculo: A quienes sirves o diriges

* ______________________________ * ______________________________

* ______________________________ * ______________________________

Lee estos nombres en voz alta, visualizando lentamente a cada uno.

SEMANA SEIS:

REVISIÓN DEL ÉXITO

LAS INSTRUCCIONES EN MI PAQUETE DE AVENA INSTANTÁNEA son:

> Vacíe el paquete en un tazón.
> Agregue media taza de agua hirviendo.
> Revuelva.

Eso es todo. Avena. Instantánea… o casi.

Me gusta la promesa de inmediatez, pero temo que hemos fomentado una cultura de impaciencia. Deseamos todo instantáneo. No estoy pensando aquí principalmente en la avena, sino en resultados instantáneos. Efecto instantáneo. Santidad florecida en un fin de semana.

Pero una vida que moldea y bendice de manera auténtica y profunda a otros tarda tiempo en forjarse. No hay nada instantáneo en eso, y los afligidos por la impaciencia definitivamente se lo pierden.

Por eso aquí en la Semana Seis, la última semana que estamos juntos, volvemos nuestros corazones una vez más al largo y fiel camino hacia la grandeza.

DÍA 26:

EL FACTOR TABITA

EL GRAN PASO

Es la primera mañana de la conferencia. Ya te registraste, recibiste tu etiqueta de identificación y seleccionaste un asiento en el balcón. Tras el video de inicio y bienvenida, se presenta la primera oradora. Abres tu libreta de notas en una página en blanco y escribes el nombre de la oradora en la parte superior izquierda. Deseas tomar notas.

La historia que sale del escenario es fascinante. La oradora y su esposo siguen obedientemente el guion del sueño americano: universidad, profesión, automóviles, casa, césped, muebles, cabaña, jubilación, y luego muerte. Pero entonces percibieron una agitación poderosa que sacudió sus vidas cómodas. Comenzaron a desear más.

Las palabras de la oradora se identifican con muchos de nosotros:

"Queríamos que nuestras vidas contaran para algo".

"No quería llegar al final de mi única vida para descubrir que la había desperdiciado en cosas que, en realidad, no importaban".

"Estábamos convencidos de que Dios nos creó para influir de manera positiva".

Luego vino lo que ella llama el gran paso. Vendieron su casa, regalaron los muebles, se deshicieron de sus autos, y redujeron sus pertenencias personales a lo que contenían cuatro maletas enormes. Se mudaron a una nación necesitada de Centroamérica, donde abrieron un centro juvenil para servir a adolescentes marginados.

Hoy día, dieciocho años después, ellos agradecen auténticamente a Dios por las vidas que fueron transformadas por el trabajo que hicieron. Entre los graduados de su programa hay tres médicos, trece enfermeras, ocho maestros de escuela, una docena de pastores y el presidente de un instituto bíblico.

Las últimas frases que ella pronunció son bien elaboradas y dichas con convicción:

> "Estas vidas fueron transformadas para siempre debido al paso que tomamos hace dieciocho años".
> "Hay un guion para tu vida que es mejor que el Sueño Americano".
> "Muévete cuando Dios te diga que te muevas".
> "Ve a donde Él te pida que vayas".
> "Disponte a dar el gran paso".

La mujer dobla sus notas y baja del escenario. El salón irrumpe en aplausos. Miras tu libreta de anotaciones y ves una página vacía donde habías querido tomar apuntes. Cuando la sesión concluye, escribes tu resumen:

Quiero que mi vida cuente. Quiero ir a donde Dios me diga que vaya y dar el gran paso.

MIRA DE NUEVO

No quiero estropear el efecto de charlas como estas, ni deseo menoscabar la obra que Dios inspiró en ese ministerio, pero debo señalar algo.

Las vidas de esos adolescentes no fueron cambiadas porque la oradora y su esposo vendieran todo y se mudaran a Centroamérica. Aquellas vidas fueron transformadas porque una vez que ellos llegaron a Centroamérica, *cada día y todos los días* esta fiel mujer y su fiel esposo despertaron, salieron de su apartamento, subieron a un autobús, y abrieron las puertas de su centro juvenil, donde se entregaron a un trabajo lento y minucioso de discipulado.

Charlas como estas tienden a resaltar *el paso* mientras mencionan poco los retos de muchos años de ministerio dedicado. No te equivoques: el gran paso que esta pareja dio *fue* arriesgado y heroico. Fue una respuesta obediente al llamado único de Dios en sus vidas. La decisión fue el acontecimiento catalizador que puso las cosas en movimiento, pero estas vidas fueron afectadas de manera positiva debido al trabajo lento y persistente que ocurrió *después* de dar el paso.

Esta es una distinción significativa. Aunque es posible que te pongas en movimiento por un suceso sobresaliente, tu mayor influencia aún deberá descansar en un servicio constante y disciplinado. Es lo que llamo el factor Tabita.

EL FACTOR TABITA

Tabita está muerta, y una comunidad cristiana llora. Los afligidos creyentes llaman al apóstol Pedro, quien puede oír el llanto incluso antes de llegar a la puerta principal. Las viudas lloran, lamentando una pérdida demasiado fuerte de soportar. Hechos 9 relata la emocionante historia:

> Había entonces en Jope una discípula llamada Tabita, que traducido quiere decir, Dorcas. Esta abundaba en buenas obras y en limosnas que hacía. Y aconteció que en aquellos días enfermó y murió. Después de lavada, la pusieron en una sala. Y como

> Lida estaba cerca de Jope, los discípulos, oyendo que Pedro estaba allí, le enviaron dos hombres, a rogarle: No tardes en venir a nosotros (Hch. 9:36-38).

Al llegar Pedro, lo llevan a la habitación de la planta alta donde yace el cuerpo de Tabita. Un grupo de viudas rodean a Pedro, llorando y mostrándole las túnicas y otras ropas que Tabita hiciera para ellas.

Desesperada pobreza era la experiencia común de las viudas en la cultura oriental. La vida en el mundo de la Biblia podía ser insoportablemente difícil para una mujer que había perdido a su esposo y no tenía hijos o hermanos adultos que cuidaran de ella. Tabita dio un paso al interior de la angustia de estas mujeres y dedicó sus días a reducir el sufrimiento de aquellas que se sentían bastante solas.

Tras saber esto, imagina los rostros llenos de lágrimas de las viudas que ahora rodean a Pedro. Sus manos levantan las prendas y sus voces llenas de dolor repiten: "Ella hizo esto para *mí*".

¿Qué significaba para estas viudas un manto nuevo o una túnica nueva? La ropa que Tabita hizo para estas mujeres indigentes significaba calidez, dignidad y esperanza.

Jope, donde ocurre la historia, estaba en la costa mediterránea de Israel. Un manto protegía contra los vientos de invierno que azotaban desde el mar. La bondad de Tabita proporcionó abrigo para el frío.

Pero aparte del aspecto funcional de la ropa está el elemento de la dignidad. ¿Se sentía más digna una viuda después de cambiar una túnica raída por otra nueva y hermosa? La bondad de Tabita disminuía la vergüenza y resaltaba el respeto propio.

Creo que la ropa que Tabita tejía con sus propias manos también llevaba a estas mujeres una fuerte dosis de esperanza. Cuando una viuda recibía una prenda nueva de manos de Tabita, una voz susurraba: "Alguien está cuidando de ti. No estás sola".

Calidez, dignidad y esperanza. Tabita es una heroína de la iglesia primitiva, y su muerte fue una pérdida trágica. Pero retrocedamos ahora por un instante y veamos lo que Tabita realmente hizo. Quiero decir de manera funcional, ¿en qué ocupaba sus días? El texto no dice que ella *compraba* ropa para estas viudas sino que *hacía* la ropa.

Capta esto, por favor. Tabita llevó una existencia extraordinaria al dedicarse a una actividad muy poco extraordinaria. Al ver el hecho con objetividad, lo que Tabita hizo no tuvo nada que fuera demasiado sensacional. Pasaba día tras día cosiendo. El legado de esta mujer fue que se dedicó al proceso que le consumía todo el tiempo de hacer ropa a mano y luego obsequiar estas prendas a aquellas viudas económicamente desesperadas. Esto parece... digamos... aburrido.

Día tras día, Tabita se sienta a coser. Si la vieras a través de una ventana, en cualquier momento, su tarea parecería sencilla, común y quizás tediosa. Lo espectacular acerca de ella era la absoluta constancia y fidelidad de su amor comprometido. Hacía esto una vez tras otra, y otra.

REPETICIÓN SANTA

La mayoría de nosotros deseamos tener vidas grandiosas. Tememos desperdiciar nuestros días sin dejar ninguna marca perceptible en nuestro mundo. Pero en nuestra búsqueda de una vida extraordinaria queremos hacer algo extraordinario. Algo GRANDIOSO. Creo que esto es una gran equivocación.

Lo grandioso casi nunca se logra haciendo grandes cosas sino haciendo cosas buenas en forma repetitiva. Lo trágico es que mientras esperamos *grandes* oportunidades para progresar, nos perdemos un desfile de *buenas* oportunidades que marchan en forma constante. La bondad se pasa por alto en gran manera porque parece demasiado común, demasiado rutinaria, demasiado cotidiana. Tabita llegó a la grandeza a través de un largo corredor de bondad. Ese es el factor Tabita.

Esta fue una mujer rara y extraordinaria porque adoptó una repetición santa, día tras día. Sobre su vida cuelga un lema que dice: “Entonces ella se levantó y volvió a hacerlo”.

Mientras que los “actos aislados de bondad” podrían beneficiar por un momento las vidas de personas, el ministerio de Tabita parece ser considerablemente distinto. Su dedicación a las viudas de Jope no parece “aislada”. Tampoco nos parece estar viendo una serie de “actos” aislados. Existe una diferencia entre un acto de bondad y un estilo bondadoso de vida, y Tabita descubrió lo segundo.

A través de su compasión, esta mujer proporcionó un extraordinario modelo de servicio constante, realizado en amor, para quienes más lo necesitaban. Este es un hermoso legado digno de seguir. Esta costurera es una heroína de la iglesia primitiva.

DE VUELTA A LA CONFERENCIA

La primera sesión de la conferencia concluye y el aplauso se desvanece. Acabas de escuchar la extraordinaria historia de una pareja que despertaba día tras día durante dieciocho años y buscaba la gracia, misericordia y sabiduría de Dios mientras servían a adolescentes vulnerables. Sí, el gran paso puso en marcha la influencia que tuvieron, pero eso no fue lo que definió esta influencia, sino la fidelidad diaria. Una rutina santa que anunciaba: “Hoy volveremos a hacerlo”.

MEDITACIÓN

Antes de concluir este capítulo, reflexiona en tu vida.

Identifica una constante “tarea Tabita” a la que estés dispuesto a entregarte en forma repetitiva.

____

____

Piensa en tres personas en tu mundo que reflejen fielmente el factor Tabita… quizás un padre o entrenador, un voluntario en tu iglesia o un siervo en tu comunidad.

* _______________________________________

* _______________________________________

* _______________________________________

Toma tiempo hoy para acercarte a uno de ellos y agradecerle por su fidelidad.

DÍA 27:

CUANDO NADIE OBSERVA

APOLO OHNO, CAMPEÓN OLÍMPICO DE PATINAJE, APARECIÓ en un comercial de televisión exaltando el valor nutritivo de la leche chocolatada.

En el anuncio, Ohno sube un tramo de escaleras al aire libre en medio de un entrenamiento extenuante. Salta de un lado al otro mientras asciende la larga escalera. El agotador ejercicio continúa mientras salta con los pies juntos tres peldaños a la vez.

La música se intensifica cuando el olímpico expresa: "Dinamismo. El poder de insistir. La zona de incomodidad". La primera vez que vi el comercial, me sorprendió la frase singular y convincente que eclipsaba el bombo y la promoción del anuncio. El ocho veces medallista olímpico recordó el consejo de su padre: "Papá solía decir: 'Los campeones se hacen cuando nadie está observando'".

Ohno se refiere a las incontables horas pasadas en el gimnasio y la sala de pesas, y a la práctica en la pista de patinaje. A los años de dedicación y traspiración en gran medida no observados ni aplaudidos. La recompensa se da en un estadio olímpico repleto, pero el fundamento se forjó a través de miles de sesiones de entrenamiento en relativa soledad. Sin hinchas entusiastas. Sin aplausos atronadores. Sin cámaras de televisión. Los campeones se hacen cuando nadie observa.

Sospecho que las actividades que más valen la pena requieren un tipo similar de entrenamiento, un espacio en que la eficacia pública se construye por medio de la disciplina privada. Cuando disfrutas la actuación de un pianista o violonchelista dotado, ten la seguridad de que la música inspiradora es resultado de años de práctica. La emocionante presentación en la plataforma está respaldada por miles de horas de ensayos solitarios sin nadie que escuche. Cuando observo un emotivo concierto, reflexiono: "Ojalá yo pudiera tocar así". Pero aunque deseo poder tocar de esa manera, no tengo interés en practicar así. Pero lo uno es necesario para que lo otro se vuelva posible.

DISCIPLINA DIARIA

Préstame atención por un momento mientras recurro a un ejemplo de mi profesión. Aunque nunca te encuentres en una situación en que te pidan que prediques un sermón, confío en que este ejemplo se aplique a tu esfera.

De vez en cuando me piden que hable a estudiantes de seminario sobre el tema de la predicación. Durante más de tres décadas he trabajado en desarrollar el arte de la comunicación eficaz, y he deseado oportunidades para dialogar al respecto. Así que de vez en cuando me encuentro frente a un salón de clases, tratando de inspirar a hombres y mujeres que están predicando sus primeros sermones o que en su futuro cercano podrían tener un papel de enseñanza.

A menudo he pedido a los estudiantes que nombren a sus predicadores favoritos. ¿A quién descargan religiosamente? ¿Quién los inspira y los reta? ¿A quién desean imitar? Los estudiantes responden, nombrando a conocidos oradores en los que se reflejan.

Luego los animo con: "Si desean enseñar con ese nivel de eficacia, no intenten copiar lo que ellos hacen mientras están *en* la tarima. En lugar de eso, descubran lo que hacen cuando *no* están en la tarima. Imiten eso".

Una buena pregunta es: "¿Cómo presentan su predicación?". Una pregunta mejor es: "¿Cómo se preparan?". Les digo a los estudiantes que disciernan qué hábitos de estudio y disciplinas diarias hacen posible la comunicación convincente. Es inevitable pensar que quienes son eficaces durante mucho tiempo en el ministerio han adoptado prácticas privadas que sustentan el ministerio público. Adaptando la línea de Apolo Ohno, los comunicadores eficaces se hacen cuando nadie escucha.

La actuación pública es una cosa. La disciplina privada es otra.

Los sermones que transforman nacen en soledad y requieren tiempo prolongado de estar pegados a una silla. Cuando en última instancia se pronuncian sermones eficaces, estos son profundamente atractivos, poderosamente ilustrados y cambian vidas. Pero no es así de interesante prepararlos. Son el resultado de un proceso rutinario que parece casi lo mismo semana tras semana.

Primero vienen horas empleadas en leer y releer un pasaje de la Biblia, recorrer páginas de comentarios para tener una visión prestada, tomar notas y redactar un bosquejo estructurado. Ofrecemos oraciones humildes en que pedimos a nuestro Señor que susurre lo que anhela que su pueblo escuche. Luego viene la elaboración de ilustraciones, cruzando el puente cultural del mundo de la Biblia hacia nuestra generación con la finalidad de traer esperanza, consuelo y convicción a las personas sentadas frente a nosotros.

Aunque gran parte de mi tiempo de estudio lo paso desarrollando el sermón que comunicaré ese fin de semana, un segmento grande está reservado para cultivar ideas que no llegarán a la tarima en meses. Esta preparación anticipada permite que un pasaje de las Escrituras o un personaje bíblico crezcan en mi corazón, germinando con el tiempo. Esto no es tan fácil como parece. La presión de situaciones inmediatas y urgentes conspira en ahuyentar la planificación para el futuro. Mientras crisis actuales requieren tu atención, no subestimes la disciplina requerida para enfocarte hacia delante.

El resultado final de un tiempo constante y disciplinado de estudio puede ser un sermón convincente que Dios utiliza para transformar vidas de personas, pero el trabajo para llegar a ese punto es más bien sin incidentes. Un individuo se sienta durante horas con una Biblia, computadora portátil y comentarios. Una y otra y otra vez. Por años. Si hay un atajo honesto para el procedimiento, no lo he descubierto aún.

Por cierto, si no encontraste muy interesantes los últimos párrafos… bueno… de eso se trata. Gran parte de la obra vivificante que repetimos con diligencia no es glamorosa.

SIN APLAUSOS

Tal vez no tengas aspiraciones de competir en los Juegos Olímpicos, interpretar música hermosa, ni predicar sermones eficaces. Pero la excelencia en cualquier ámbito significativo de la vida requiere disciplina constante y fiel.

Apolo Ohno representó a Estados Unidos en los Juegos Olímpicos de Invierno de 2002, 2006 y 2010. En estas competencias llevó a casa dos medallas de oro, dos de plata y cuatro de bronce. Las Olimpiadas son eventos sumamente públicos, pero estas medallas se ganaron en privado.

Tus momentos más importantes tal vez sean aquellos que nadie ve y nadie aplaude.

MEDITACIÓN

Reflexiona y responde esta pregunta: "¿Qué actividad única y tranquila podría marcar la mayor diferencia en mi vida personal, profesional o espiritual?"

____

____

Es probable que la actividad que escribiste no sea observada ni aplaudida en gran manera. Pero recuerda que los campeones se hacen cuando nadie observa.

DÍA 28:

EL GRAN ACONTECIMIENTO

AL PRINCIPIO DE LA SEMANA SEIS, HABLAMOS DE DAR EL gran paso y por qué generalmente ocurre crecimiento transformacional debido al trabajo dedicado que sucede *después* de dar el paso. Lo mismo ocurre con el gran acontecimiento. Es importante que exploremos la increíble oportunidad como también la capacidad limitada de los acontecimientos importantes para transformar nuestras vidas.

EL RETIRO

En los montes de la Sierra Nevada del norte de California recobré mi fe. Tenía quince años, y la turbulencia había caracterizado los tres años anteriores de mi vida. El séptimo grado fue empañado por la muerte súbita de mi mamá en un accidente automovilístico. El octavo grado trajo una retadora mudanza desde Idaho hasta Michigan, junto con el posterior matrimonio de mi padre. Mi primer año del colegio fue un tiempo de adaptación, antes del anuncio de otra mudanza a tierra lejana, esta vez desde Michigan hasta California. Mi segundo año comenzó en un nuevo estado, nuevo colegio y nueva iglesia. Espiritualmente, me hallaba a la deriva.

Como recién llegado, acompañé a mi nuevo grupo de jóvenes en un viaje de campamento al lago Tahoe, donde sentado en un anfiteatro bajo las estrellas escuché un sermón sobre el poco conocido personaje Balaam. El orador concluyó preguntándonos si era el momento de restaurar nuestros corazones ante Dios. Yo sabía que Él estaba hablándome. No recuerdo el contenido del sermón, pero cuento el mensaje como uno de los más importantes en mi vida. Esa noche sirvió como un catalizador para el movimiento espiritual que siguió a través del resto de la escuela secundaria.

El viaje de campamento que cambió mi corazón requirió gran preparación. En ese tiempo no me daba cuenta de complejidades organizacionales, pero ahora soy consciente de que no transportas a sesenta adolescentes hasta las montañas sin primero reservar el sitio para acampar, obtener tiendas, hacer una cuidadosa preparación de comidas, disponer transporte y reclutar un orador que pueda predicar un sermón inspirador sobre Balaam.

Hechos como este requieren centenares de horas de planificación, son a menudo costosos de organizar y generalmente agotan a los responsables de su ejecución. Sea que organices o simplemente asistas a un gran evento, creo que es importante tener una conversación franca acerca del valor y las limitaciones de la programación.

Los tipos de eventos que tengo aquí en mente incluyen:

- Tomar una semana libre para participar en un viaje misionero de corto plazo.
- Cancelar planes para asistir a una conferencia matrimonial un fin de semana.
- Sentarte en un auditorio grande, absorbiendo las palabras de un orador motivacional.

Hablemos de lo que estos grandes eventos *podrían* lograr, de lo que por lo general *no* logran y de las *secuelas* que comúnmente vienen para los organizadores de estos proyectos.

LO QUE LOS GRANDES EVENTOS PODRÍAN LOGRAR

El gran evento frecuentemente sirve como catalizador de acción importante. Esto es lo que experimenté en la Sierra Nevada mi segundo año de secundaria. Un funeral, una boda y dos mudanzas cruzando la nación me habían perturbado en gran manera. Me hallaba en una encrucijada, y el retiro estimuló un nuevo enfoque en mi vida.

Por eso organizamos eventos como este, y también por eso asistimos a ellos. Estas experiencias nos alejan de las rutinas corrientes, y proporcionan una oportunidad fresca de oír la voz de Dios. Muchos de nosotros llegamos a la fe en un campamento, reevaluamos nuestros sueños estando en un viaje misionero o volvemos a comprometernos con la iglesia después de una elaborada producción de Pascua. Los grandes eventos pueden ser sumamente valiosos porque el Señor los utiliza a menudo para un nuevo movimiento en nuestra vida.

LO QUE EL GRAN EVENTO NO LOGRA

A pesar de que funciona como una plataforma de lanzamiento para una acción necesaria, hay algo que el gran evento no hace. No nos hace crecer. Desdichadamente, no maduramos en un fin de semana, y hay una diferencia entre un catalizador para crecer y el crecimiento mismo. Cuando el gran evento resulta en un cambio significativo, por lo general se debe a lo que hacemos *después*, no a lo que sucedió *durante* el suceso.

Miles se reúnen en un coliseo para ser inspirados por un gurú financiero conocido en toda la nación. Él es inteligente, entretenido y motivador. Pero quienes experimentan cambio duradero en sus hábitos de gastos y ahorros son los que *hacen* realmente algo cuando llegan a casa. Específicamente, nuestras posibilidades de levantar un fondo para emergencias y salir de las deudas se disparan si nos apegamos a un tipo de presupuesto paso a paso *después* del evento en el coliseo. Luego están esos pequeños detalles espinosos, como implementar realmente el presupuesto. Los grandes eventos nos llevan a actuar, pero es imposible escapar de la necesidad de un seguimiento a largo plazo.

O considera la experiencia normal de los campamentos de verano. Decenas de adolescentes toman decisiones durante una semana en el campamento, pero las buenas intenciones se evaporan a un ritmo alarmante cuando los chicos entran atropelladamente a las furgonetas y se despiden de sus consejeros, de la serenidad del lago y de las llamas de la fogata. Sospecho que los adolescentes que experimentan el mayor cambio duradero son los que se conectan con relaciones positivas al regresar a casa. Esta fue mi experiencia después de acampar en la Sierra Nevada. Luego del retiro estuve bajo la influencia de un dinámico entrenador de fútbol y también de un fenomenal pastor de jóvenes. El retiro sirvió como una chispa que encendió el fuego, pero las llamas debían reabastecerse una y otra vez para mantenerse vivas.

No existe reemplazo para el crecimiento firme durante un tiempo sostenido.

Recuerda esto la próxima vez que saques tiempo valioso para asistir a un congreso o retiro de fin de semana. La naturaleza de un evento de dos días es que llegas con la necesidad de un refrescante trago de agua y sales sintiendo que has tratado de beber de una manguera contra incendios. Es natural alejarte con la cabeza girando por un centenar de ideas fabulosas. Una buena costumbre es preguntarte: "De todo lo que he escuchado en los dos últimos días, ¿qué par de aspectos implementados fielmente podrían ser determinantes en gran manera en mi vida personal, vocacional o ministerial?". La implementación fiel de dos nuevas prácticas aventajará ampliamente la no implementación de una docena de ideas grandiosas.

Para quienes emprenden y organizan grandes eventos, recuerden que el cambio duradero de su trabajo probablemente resultará *después* de finalizar esos eventos. Esto puede ser desalentador, porque al culminar con éxito un evento importante sentimos como si hubiéramos cruzado una meta final. Cerramos el congreso, retiro, concierto o viaje, y anunciamos: "¡Concluimos!". Pero desde un punto de vista de crecimiento real, el evento sirve más como una línea de partida que como una línea de llegada. Ahora adoptamos la pesada práctica diaria y rutinaria del seguimiento.

Y eso lleva a un nuevo reto. Las secuelas.

LAS SECUELAS

Seamos sinceros. Realizar grandes eventos puede ser agotador. Tan extenuante, en realidad, que esa poca energía que queda es para la rutina que debe seguirse a fin de lograr un efecto perdurable. Permíteme brindarte un consejo si eres de los que se entregan a estos agotadores esfuerzos.

Piensa en los miembros del equipo de adoración que idean la reunión de Pascua para llevar a cabo todos los servicios de la celebración. Participan en incontables sesiones de planificación, conducen una serie de ensayos nocturnos y duplican la cantidad de reuniones el fin de semana de Pascua. Animan a los miembros de la congregación a invitar a amigos y familiares que han estado lejos de la iglesia durante años. Llega el fin de semana y toda la planificación valió la pena. Los cultos son excepcionales y con seguridad lograrán influir. Un triunfo. Confías en que centenares de invitados regresarán a la iglesia el siguiente fin de semana.

Ah… sí… el siguiente fin de semana. Los domingos parecen presentarse con asombrosa regularidad. Una bruma de cansancio se cierne sobre la reunión de planificación del martes. El equipo parece sufrir el efecto de una resaca. Los integrantes caminan como sonámbulos en la sesión de planificación, haciendo acopio de las pocas reservas que les quedan. El tanque del que extraen energía creativa se ha secado. Desechan elementos creativos recomendados porque no queda energía para llevarlos a cabo. Después de ir a la carga el fin de semana de Pascua, ahora entran a rastras en su rutina semanal.

¿Qué experimentarán los invitados que regresan el domingo siguiente? ¿Sentirán que han atravesado las puertas de una iglesia completamente distinta?

Para quienes organizan reuniones importantes, el reto es gastar suficiente energía en crear una experiencia profunda, mientras también se reservan suficientes recursos a fin de sustentar el trabajo rutinario que debe seguirse. Imagina un medidor de gasolina, como el que hay en el tablero de instrumentos del automóvil. ¿Cómo quedará el tanque de combustible cuando termine el gran evento? Ten cuidado de no dejar vacío el tanque. La oportunidad del efecto real y duradero empieza cuando el gran evento termina. Por tanto, ¡asegúrate de tener combustible en el tanque!

REPITE DESPUÉS DE MÍ

Si eres de los que asisten a eventos importantes o los organizan, por favor, repite después de mí:

- Es muy poco probable que ocurra transformación total en un fin de semana.
- Sin duda alguna, el crecimiento más profundo será consecuencia del trabajo que hagamos *después* del gran evento.

Adelante, disfruta el impulso generado por una multitud entusiasta o por un viaje emocionante. Aprovecha la oleada de motivación que recibes de un fin de semana espectacular de información nueva.

Estas experiencias pueden ser importantes para nuestro crecimiento, pero siempre se regresa a la acción constante en una dirección estimulante, emprendida día a día. Sea que navegues por la vida como una familia, que empieces una compañía o que reconstruyas tu vida pieza a pieza, vale la pena soñar en grande, pero comenzar por lo pequeño.

MEDITACIÓN

Piensa en el último evento grande al que asististe. ¿Qué esperanzas tenías al ir? ¿Te inspiró el evento a tomar una dirección nueva, o quedaste demasiado abrumado para hacer cambios o implementar ciertos pasos para la acción? ¿Qué pasos puedes dar hoy, mañana, pasado mañana y el día siguiente a fin de efectuar un cambio duradero en tu vida?

DÍA 29:

EL MURO Y LA MALEZA

A CHRIS Y A MÍ NOS GUSTA CAMINAR POR LAS CALLES históricas de Grand Rapids. Muchas de las casas centenarias están bien mantenidas, un tributo al tiempo y la transpiración que se han vertido amorosamente en estas propiedades valiosas. Sin embargo, otras casas están descuidadas y mal mantenidas. Se encuentran desgastadas. La pintura descascarada. Matorrales crecidos en exceso obstaculizan la vista desde la ventana principal. Miramos en lo alto las tejas sueltas, e imaginamos el daño que el agua ha causado en el interior de esas viviendas.

Comprende que no tienes que hacer nada para que una propiedad se deteriore. Lo único que tienes que hacer es abandonarla. Las estaciones causarán estragos. Suficiente descuido garantiza el deterioro de una casa y de una vida.

EL VIÑEDO

El rey Salomón meditó en esta realidad mientras caminaba. En Proverbios 24 el sabio monarca registra su reflexión cuando pasa por un viñedo descuidado. El muro protector está derrumbándose. Las malezas se adueñan del suelo, asfixiando la vida de las vides fructíferas. El rey observa este campo mal mantenido y saca algunas conclusiones sorprendentes sobre el inminente desastre económico que espera al propietario.

Escucha las observaciones de Salomón acerca del muro y la maleza:

> Pasé por el campo de un perezoso,
> por el viñedo de uno que carece de sentido común.
> Vi que habían crecido espinos por todas partes.
> Estaba cubierto de maleza,
> y sus muros destruidos (Pr. 24:30-31, NTV).

Con tanta promesa de fertilidad, el viñedo se encuentra descuidado. Las muchas malezas y espinas proveen una amplia evidencia de que el dueño de la propiedad carece de bríos para mantener este activo valioso. El muro, cuidadosamente construido años antes para mantener fuera a los depredadores, se ha deteriorado.

¿El culpable? Simple y prolongado descuido.

Imagino al dueño protestando: "¿Por qué me criticas? ¡Yo no hice nada!".

Sí. Podemos ver eso. Para que un viñedo se deteriore, lo único que se tiene que hacer es *nada*.

ENTROPÍA

El individuo en el pasaje de Salomón no fue a su viñedo a derribar el muro. No tuvo que hacerlo. Este simplemente se arruinó con el tiempo.

Si quieres que la maleza se apodere de tu jardín, déjalo solo. La maleza es experta en abrirse paso por sí misma. No tienes que plantarla. No tienes que cultivarla ni fertilizarla. La maleza simplemente se da.

La maleza también puede crecer en nuestra vida. Envidia. Amargura. Ira que arde lentamente. Podemos despertar para descubrir su presencia y exigir: "¿De dónde vino esto?".

La aleccionara realidad es que no tenemos que hacer casi nada para que nuestro mundo se derrumbe. Hay una sutil inercia en las áreas más importantes de nuestra vida. Las cosas no mejoran por sí solas, pero sí tienden a deteriorarse por sí solas.

Lo único que tienes que hacer para convertirte en alguien amargado es nada. Solo permite que las heridas de la vida tomen su curso natural, enviando raíces profundas al interior de tu alma. Despiertas un día para descubrir que tu corazón ha sido tomado lenta y gradualmente por las vides venenosas de un espíritu de amargura.

Si quitas la mirada de la carretera, tarde o temprano tu vehículo terminará en una zanja.

- Los efectos graduales de derrochar resultarán en una repentina debacle económica.
- Un corazón abandonado permite que pequeños resentimientos se acumulen, se levanten y crezcan hasta que el cinismo domine nuestro espíritu.
- Nuestras relaciones más importantes se derrumban bajo el peso acumulado de conflictos no resueltos y cambios de dirección no corregidos.
- Matrimonios terminan después de sufrir una lenta erosión durante muchos años.

Las cosas se deshacen sin hacer nada. La maleza crece. Los muros se derrumban. Las vidas se deterioran. Pero la fidelidad lenta y constante resultará en una cosecha. Y también el descuido lento y constante.

EROSIÓN LENTA Y DESTRUCCIÓN REPENTINA

El rey Salomón reflexionó largo y tendido sobre el viñedo infestado de maleza. Observó el muro destruido y los espinos que habían crecido por todas partes, y sacó una conclusión profunda:

> Entonces, mientras miraba y pensaba en lo que veía,
> aprendí esta lección:
> un rato más de dormir, un poquito más de sueño,
> un breve descanso con los brazos cruzados,
> entonces la pobreza te asaltará como un bandido;
> la escasez te atacará como un ladrón armado (Pr. 24:32-34, NTV).

Un rato más de dormir, un poquito más de sueño. Vemos a un hombre dedicado a holgazanear. Despreocupado, duerme una siesta. Mientras ronca, el muro no se restaura. Piedras se desprenden y caen. En realidad se trata de un incidente menor (un pedrusco aquí, un pedrusco allá), sin novedad y desapercibido. Mientras el hombre se mece en la hamaca, la maleza crece. Día tras día, centímetro a centímetro, los espinos se arrastran en invasión incesante al precioso suelo, ahogando las valiosas vides. Un rato más de dormir, un poquito más de sueño.

¿Notaste el contraste entre el paso lento y adormilado del sueño del dueño y la repentina implosión de su mundo? Observa el cambio de paso: "La pobreza te asaltará como un bandido; la escasez te atacará como un ladrón armado". Algún día, este sujeto despertará y sentirá como si lo hubieran asaltado.

De repente, al parecer, las cosas se desmoronan. Pero el desastre "repentino" se ha gestado durante mucho tiempo. Aunque el descuido ocurre gradualmente, por lo general el colapso se siente repentino.

"*De repente* ella se mudó y consiguió un apartamento".

"*Antes de darme cuenta* recibimos una notificación de embargo".

"*De pronto* descubrí que no tenía un amigo en el mundo".

Mientras es posible que destruyamos nuestras vidas por un solo y enorme error, lo que el rey Salomón describe aquí es una senda más sutil hacia la ruina. El desastre se logra por medio de la apatía. No debido a una sola equivocación enorme, sino la negligencia lenta y constante. Es como el poder de la hormiga, pero al revés.

Quiero hacer una pausa por un momento y brindar unas palabras de aliento a quienes están sufriendo los efectos "repentinos" de la negligencia prolongada. A menudo, nuestro Dios compasivo se complace en usar como despertador un terremoto financiero, emocional o matrimonial. No permitas que tu dolor se desperdicie. Usa esta experiencia retadora y humillante para comenzar a levantar tu vida en forma nueva y diferente. El sendero hacia una vida renovada a menudo pasa por temporadas de desconcertante fracaso. No pierdas la esperanza. Hoy es un nuevo día.

DESMALEZADO Y REPARACIÓN

¿Cómo evitar el desmoronamiento de nuestras vidas? ¿Cómo restaurar el viñedo después de temporadas de descuido? Debemos ensuciarnos las manos. Debemos dedicarnos al desmalezado perpetuo.

Un viñedo floreciente exige cuidado continuo para que la maleza no se robe los nutrientes necesarios para las vides ni consuma el agua necesaria para las uvas.

Es importante que comencemos hoy el proceso de desmalezar en nuestra vida, que nos neguemos a permitir que la negligencia gradual lleve a la catástrofe.

Sé que este esfuerzo puede parecer desalentador, y por eso te animo a arrancar una maleza cada vez. Comienza por lo pequeño. No trates con toda la maleza al mismo tiempo, sino escoge una que puedas arrancar de tu vida en las próximas veinticuatro horas. La vida no se arreglará en un día, pero puedes comenzar en alguna parte y empezar a restaurar el viñedo a su gloria plena.

MEDITACIÓN

¿Logras detectar algunas malezas que debes arrancar de la tierra de tu propia vida?

- ¿Qué rencor estás alimentando?
- ¿Qué hábito espinoso amenaza con apoderarse de la tierra de tu alma si sigues dejándolo crecer?
- ¿Qué actitud cancerosa podría paralizar tu espíritu si le permites que se desarrolle?
- ¿Qué relación clave está escabulléndose día a día?

Reflexiona por un momento en tu vida. Escribe un par de frases reconociendo un proyecto de desmalezado que venga a tu mente.

DÍA 30:

LA BONDAD CRECE LENTAMENTE

A LO LARGO DE ESTE LIBRO TE HE RETADO A COMENZAR por lo pequeño, a dedicarte a la actividad positiva repetida que crece constantemente con el tiempo.

El reto con este tipo de acción es que casi nunca detectas el progreso de un día al otro. No puede decirse lo mismo respecto a la tragedia, que se estrella en nuestras vidas con fuerza ensordecedora, derribándonos en instantes. Entender la velocidad lenta a la que la bondad viaja es crítico si vas a mantener el largo y persistente viaje de la fidelidad.

LA MALDAD PERMANECE

Una hermosa tarde de mayo, mi amigo Dale y yo paseábamos por el distrito colonial de Santo Domingo, República Dominicana. La mañana siguiente teníamos programado visitar un hospital de niños dirigido por CURE International, un ministerio sobresaliente que realiza cirugías muy serias en naciones con pocos recursos de todo el mundo. Esta organización también se destaca por comunicar la historia de Cristo a familias que llevan a sus hijos a recibir atención médica. En resumen, su misión es curar niños y hablar de Jesús a la gente. Muchas de las regiones atendidas por CURE se caracterizan por inestabilidad y violencia.

Mientras caminábamos en el cálido aire dominicano, hablamos de la tragedia que había ocurrido un mes antes cuando un pistolero abrió fuego en el hospital CURE en Kabul, Afganistán, matando a tres médicos estadounidenses. A medida que nuestra conversación se desarrollaba, tuvimos un diálogo inolvidable acerca de la naturaleza del bien y el mal. "La maldad permanece —reflexionó Dale—, pero la bondad tiene una vida útil muy corta".

Cuando la maldad se establece, tiene poder para quedarse. La maldad no tiene que reafirmarse. Pero para dejar una huella duradera en las vidas de las personas, la bondad tiene que reafirmarse una vez tras otra, continuamente, durante mucho tiempo.

En sus primeros doce años, el hospital CURE en Kabul había atendido a más de setecientos mil pacientes, realizando veintiún mil cirugías. En un país que estaba clasificado como uno de los peores lugares del mundo en el cual nacer, los trabajadores de CURE ayudaron a dar a luz a más de veinticinco mil bebés sanos.

Es probable que "Tres médicos estadounidenses baleados en Afganistán" obtenga la categoría de titular de CNN. "Madre afgana da a luz un bebé sano" decididamente no es de interés periodístico. La maldad capta la atención. Simplemente es más digna de publicidad que la bondad, la cual crece en silencio con el tiempo. La bondad no hace mucho ruido. Es una virtud silenciosa.

EL ACCIDENTE Y LA ENTRENADORA

Considera el modo en que esto se desarrolla en una comunidad pequeña. Un pueblo llora el accidente que se cobró las vidas de tres adolescentes. La tragedia golpea con chirridos de ruedas y metal retorcido. La horrible noticia recorre el colegio con el devastador efecto de un tsunami. Ramos de flores y notas escritas a mano forman una conmemoración espontánea en la intersección donde los vehículos chocaron.

La tragedia golpea.

Por el contrario, la bondad casi nunca "golpea". Se presenta con poco dramatismo.

En la misma comunidad que experimentó el horrible accidente, una entrenadora dedicada crea concienzudamente un programa de carreras a campo traviesa para chicas de escuela intermedia. Durante una docena de temporadas la maestra forja diligencia, trabajo en equipo y confianza. Algunas de estas chicas son producto de hogares que afirman y alientan, pero otras recordarán a su entrenadora de carreras a campo traviesa en séptimo grado como "la primera persona que creyó en mí".

Pasan veinte años. Pregunta a una mujer de treinta y tres años de la comunidad qué influyó en ella mientras crecía. La dama reflexiona por un momento, y contesta: "El accidente" y "La entrenadora". Pero estos casos llegaron a velocidades diferentes y en maneras radicalmente distintas. La tragedia golpea. La bondad crece poco a poco.

Al reflexionar en mi propia vida, reconozco la influencia formativa tanto de la tragedia que sacude como del amor constante. Desperté una mañana de noviembre en mi año de séptimo grado para enterarme de que mi madre había resultado muerta en un accidente automovilístico durante la noche. La pérdida repentina de mamá es el acontecimiento más singularmente definitorio en mi vida temprana. Pero mi vida también fue profundamente formada por la firme presencia y el profundo afecto de mi madre. Recuerdo su risa, su mirada compasiva, su presencia cuando yo corría desde el autobús y entraba a la casa. Desde mis primeros años de vida tuve la seguridad de que era amado.

NO TE CANSES

El paso de tortuga al que la bondad anda requiere devoción extrema para el viaje. La bondad exige poder permanente. La pregunta es si reuniremos la resistencia requerida para una efusión lenta, fiel y constante de amor.

Creo que por eso el apóstol Pablo instó a una comunidad primitiva de seguidores de Jesús:

> No nos cansemos, pues, de hacer bien; porque a su tiempo segaremos, si no desmayamos (Gá. 6:9).

Cuando Pablo anima: "No nos cansemos de hacer el bien", creo que está diciendo: "No se cansen de hacer esto, porque la influencia duradera requerirá que se dediquen por mucho tiempo".

El apóstol aborda el asunto del cansancio porque una vida de bondad puede ser tediosa y rutinaria. Implica entregarnos vez tras vez, y a menudo a las mismas tareas y las mismas personas. La repetición nos quita algo. Nos drena energía. Pablo estaba escribiendo aquí del tipo de cansancio que lleva a renunciar.

Despiertas una mañana y pronuncias la oración: "Señor, te ofrezco hoy mi vida". La mañana siguiente, la haces de nuevo. Una y otra vez. Finalmente, ¿no hay una tentación verdadera de despertar un día y susurrar: "Esto, en realidad, me está cansando; simplemente ya no tengo ganas de volver a hacerlo"?

Una mañana así es imperativo recordar la ley de la granja. ¿Observaste la imagen agrícola que Pablo seleccionó?

> ...a su tiempo segaremos, si no desmayamos.

Cómo quisiera que él hubiera seleccionado una metáfora diferente. Quizás algo con un poco más de velocidad y resultados más rápidos.

Pero no. Pablo se apoyó en la agricultura. No puedes apresurar una cosecha. Aras, siembras y esperas. Hay un tiempo entre enterrar una planta de tomate y disfrutar la salsa meses después.

Creo que la imagen de la agricultura puede ajustarse radicalmente a nuestras expectativas. A veces, una vida de influencia positiva es tan interesante como ver crecer un jardín. Personalmente prefiero centrarme en una causa y ver fruto después de un par de intensos fines de semana. Pero apuesto a que Pablo era consciente de nuestras ansias de tener éxito de la noche a la mañana: nuestro anhelo por resultados inmediatos. Él se apoyó en una ilustración de granja. Siembras. Esperas. La bondad crece lentamente.

Así que sigue apareciendo. Sigue sembrando. No te canses de hacer el bien. La cosecha vendrá.

UN DÍA EN EL HOSPITAL

Al día siguiente de haber caminado y conversado acerca del tiroteo en Afganistán, visitamos el hospital dominicano CURE, en el centro de Santo Domingo. Después de un recorrido por las instalaciones, nos sentamos en un salón pequeño donde el director de cirugía examina a pacientes. Los padres acompañan a sus hijos que fueron operados semanas o meses antes. El cirujano mueve con suavidad los miembros para probar rango de movilidad, haciendo preguntas con amabilidad. Evaluando el progreso.

Me siento en el rincón y observo el primer examen. Luego el segundo. Después el tercero. Rutina. Nada formidable. Nada sensacional, llamativo o de interés periodístico. Solo un examen corriente y cotidiano de seguimiento. Además... ya estoy aburrido para cuando llegamos al cuarto paciente. Capto la idea. No necesito ver una docena de exámenes para entender cómo funciona el sistema. Un desfile interminable de veces. Conversación tras conversación. Niño tras niño. Presentarse y hacer casi lo mismo vez tras vez. Ministerio fiel anclado en la repetición.

Esto es lo que estas personas maravillosas hacen para producir sanidad y demostrar la compasión de Jesús. Es algo lento y constante. Amoroso y hermoso. Pero no acapara titulares.

La bondad rara vez se estrella contra nosotros con impacto ensordecedor. En vez de eso, llega a través de la bondad repetida de fieles diligentes. Llega silenciosamente, recorriendo el sendero lento del amor dedicado.

Te insto a soñar en grande, pero comenzar por lo pequeño. Día a día, un acto amoroso de bondad tras otro, y así tienes la oportunidad de hacer crecer una vida de grandeza. No te canses de hacer el bien. La cosecha te espera.

MEDITACIÓN

Antes de acabar el libro, te insto a volver la página y explorar el ejercicio en la conclusión. Mañana es un día importante. ¿Qué prácticas constantes se volverán parte de tu vida? Es fundamental pensar en lo que ha sacudido tu corazón y mente en las últimas seis semanas, y enfocarte en dos o tres elementos que alimentarán tu vida fiel. Encuentra un lugar tranquilo, vuelve la página, y reflexiona en tus próximos pasos.

CONCLUSIÓN

AJUSTA TU ENFOQUE Y COMIENZA

EN LAS ÚLTIMAS SEIS SEMANAS HEMOS EXPLORADO CÓMO las mayores inversiones en la vida requieren acción constante y fiel en el transcurso del tiempo. Este principio es válido cuando levantamos una familia, forjamos una carrera que honre a Dios, cultivamos un corazón sano o desarrollamos amistades fuertes.

Al terminar juntos nuestro tiempo, es esencial que ajustes tu enfoque a dos o tres comportamientos o disciplinas que puedes poner en práctica de inmediato. Quizás sean ámbitos que ya se encuentran en acción: prioridades que se apoderaron de ti en las semanas anteriores. La acción constante en dos o tres esferas te llevará más lejos que veinte ideas nuevas que se evaporan rápidamente.

A continuación te animo a usar un proceso de dos pasos para ajustar tu enfoque.

PRIMERO

Revisa el libro para ver lo que marcaste, resaltaste o escribiste en el segmento Meditación al final de cada capítulo. Cuando algo te llame la atención como una fuerte prioridad o sugerencia, escríbelo en uno de los espacios siguientes. Intenta reducir tu lista de próximos pasos potenciales a un máximo de diez opciones.

1. ______________________________

2. ______________________________

3. ______________________________

4. ______________________________

5. ______________________________

6. ______________________________

7. ______________________________

8. ______________________________

9. ______________________________

10. ______________________________

SEGUNDO

Lee tu lista lenta y cuidadosamente. Pide a Dios que te dirija mientras reflexionas en las ideas y prioridades que acabas de escribir. Ahora, de esas diez áreas elige dos o tres que deben comenzar de inmediato a encontrar espacio en tu corazón y en tu calendario. Es importante ser específico. No escribas tan solo un nombre o una disciplina, sino toma tiempo para escribir en forma específica cómo esta prioridad repetible se evidenciará cada semana. ¿Qué planeas hacer exactamente, y de dónde sacarás tiempo para realizarlo?

1. ______________________________

____

____

2. ______________________________

____

____

3. ______________________________

____

____

Recuerda que es poco probable que veas resultados inmediatos. La bondad crece lentamente. Tu mayor movimiento se medirá en el transcurso de meses y años, no en unos cuantos días.

Me gustaría acabar este libro con mi oración sincera por todos los que están embarcándose en esta aventura de soñar en grande, mientras comienzan por lo pequeño.

Que nuestro Dios misericordioso te libere de la ilusión del éxito repentino.

Que a diario te provea fuerzas, valor y sabiduría a medida que vas tras una vida de fidelidad.

Que tu viaje esté lleno de esperanza y gozo.

Que experimentes el agrado de Dios y escuches esas palabras que todos anhelamos oír: "Bien, buen siervo y fiel".

RECONOCIMIENTOS

A MI ESPOSA CHRIS, CON QUIEN HE COMPARTIDO EL VIAJE de la vida y el ministerio. Gracias, Bebé, por tu ánimo, amor y paciencia a través de otro proyecto literario.

(Para la edición en inglés) estoy profundamente agradecido con el equipo de Zondervan, cuyo duro trabajo y dedicación hicieron posible *Sueña en grande, pero comienza por lo pequeño.* Gracias especiales para Carolyn McCready. Carolyn, gracias por creer desde el principio en este proyecto, y por guiarme durante el proceso de escribir. También quiero agradecer a Jim Ruark y Jean Bloom por su destacada ayuda editorial. Gran aprecio para Alicia Kasen por su ayuda y guía a lo largo del camino.

Mi aprecio a Wolgemuth y Asociados: Erik, Andrew y Robert. Muchísimas gracias. Erik, estoy en gran deuda contigo por nuestras conversaciones iniciales que ayudaron a formar el enfoque y la dirección de este libro.

Muchas gracias a Marsha Sweet, mi amable asistente ministerial, quien trabaja incansablemente para ayudar a mantener unidos los diversos aspectos de mi ministerio.

Estoy en deuda con Susie Finkbeiner por leer mi primer borrador de *Sueña en grande, pero comienza por lo pequeño* y ofrecer comentarios útiles sobre cómo mejorar el material.

Un agradecimiento especial para un grupo especial: Aaron y Afton, Rich y Ash, Chris y Jess, Jesse y Kristi, y Chris y Hallie. Gracias por las noches pasadas en nuestro hogar reflexionando en el material. Sus comentarios fueron muy valiosos en la conformación de estas páginas.

Por último, deseo expresar mi aprecio a la congregación de la Iglesia Bíblica Ada. Estoy profundamente agradecido por su fidelidad semana tras semana. Sus corazones abiertos y receptivos hacen del ministerio un deleite.